SOME REVIEWS

"A remarkable study of the causes and effects of poverty in pre-Famine Ireland... an acutely accurate account of conditions in the country in the mid-1830s... The baron's sources are impeccable; he quotes widely and wisely, to add to his own observations...
After 175 years the book rings true for the devastating accuracy of its reporting of the ills of Ireland and the reason why the poor suffered so much. Eötvös does not explicitly forecast the Great Famine but makes it clear that all the conditions for it had already been set in place by the 1830s. ...It's a vivid and gripping tale that totally contradicts the official story of Ireland..."
—*BOOKS IRELAND* MAGAZINE

"On The Tragedy of The Irish, Through Hungarian eyes—There are few examples showing this troubled period of Ireland through the eyes of a foreigner (not Irish or British) with such scientific thoroughness and literary sensitivity. ...
The book should be among the recommended readings for the responsible citizens of the European Union...this is an exemplary edition, being the first annotated version of Eötvös's work..."
— *CENTRAL EUROPEAN POLITICAL SCIENCE REVIEW*

"Amongst many visitors to pre-Famine Ireland was the Hungarian baron József Eötvös (a campaigner for the freedom of serfs who went on to become a major literary and political figure in his homeland); he was horrified by what he witnessed here and castigated Ireland's...rulers for exercising, as he put it, their 'unlimited and self-serving power over the people'..."
—*HISTORY IRELAND* MAGAZINE

"Highly interesting and an excellent publication both in content and format... an important contribution to an understanding of Eötvös in the international academic community."
—*DR PAUL BŐDY* [author of *Joseph Eötvös and the Modernization of Hungary* 1840-1870, American Philosophical Society]

Image overleaf: A Pattern in Connemara, 1830s
Front cover image: Gougane Barra, *c.*1840
Back cover image: Meenies(/Mienes), Co. Cork, 1847

Poverty in Ireland, 1837

Szegénység Irlandban

'The Irish tenant does not know comfort. His home is a hut made of earth with glassless window-opening and no chimney, while its poorly thatched roof cannot protect the residents from the challenges of the weather.' —Baron József Eötvös
[*Drawing by* Arthur YOUNG *c.*1780]

Poverty in Ireland
1837
—*A Hungarian's View*—
Szegénység Irlandban

by

Baron József EÖTVÖS

Translated from the Hungarian by
Paul SOHAR *and* László BAKOS

Foreword by
Dr Tamás MAGYARICS

PHÆTON
PUBLISHING LTD.
—— Dublin ——

Poverty in Ireland, 1837
Szegénység Irlandban

PUBLISHED IN U.S.A. & WORLDWIDE 2017 BY
PHAETON PUBLISHING LIMITED, DUBLIN

Translation from the Hungarian by
Paul SOHAR and by László BAKOS, 2015

Cover, book layout, and design copyright ©
O'Dwyer & Jones Design Partnership, 2015

Printed and bound in U.K., U.S.A. & Australia

*British Library Cataloguing In Publication
Data: a catalogue record for this book
is available from the British Library*

ISBN: 978-1-908420-20-6   HARDBACK
ISBN: 978-1-908420-21-3   PAPERBACK

Foreword

by Dr Tamás MAGYARICS
Ambassador of Hungary

BARON JÓZSEF EÖTVÖS (1813-1871) was one of the Hungarian reform-minded aristocrats who travelled extensively in Western Europe in the 1820s, 1830s, and 1840s in search of models for lifting contemporary Hungarian economic, social, and political life out of its comparatively backward state. The pioneer, as in a number of other areas, was Count István Széchenyi who visited – among other countries – England in 1821, to be followed by some of the most forward-looking and eminent Hungarian politicians, including Baron Miklós Wesselényi and Ferenc Pulszky.

Baron József Eötvös's interest in Ireland was aroused by the Irish patriot Daniel O'Connell and his struggle for Catholic emancipation. Baron Eötvös as a liberal saw the discrimination against the Catholics, practically all the Irish, as a root cause of the stark contrast between England and Ireland. This impression was reinforced by his visit to the 'emerald island' in 1836-1837 (accompanied by another outstanding representative of the Hungarian moderates, the so-called Centrists, Ágoston Trefort). The

JÓZSEF EÖTVÖS (SEATED)
& ÁGOSTON TREFORT, 1844

trip resulted in the essay entitled *Szegénység Irlandban* (*Poverty in Ireland*) published in the first issue of the *Budapesti Szemle* in 1840. [The second, and last, issue contained another path-breaking writing by Eötvös on the emancipation of the Jews (*A zsidók emancipációja*, 1840).]

The *Szegénység Irlandban* takes stock of the economic, social, and political situation in Ireland with a special reference to the land question. The second half of the essay is devoted to the history of Ireland and ended with some recommendations in harmony with the author's deep-seated classical liberal beliefs. The way out of the dire conditions in contemporary Ireland, he suggested, would be through step-by-step reforms.

Szegénység Irlandban was welcomed and widely read in Hungary, the interest being all the greater because of the parallels that were perceived to exist between the relations linking Austria and Hungary, and those linking contemporary England and Ireland. In this respect, Arthur Griffith's *The Resurrection of Hungary* (first published in 1904) can be regarded as a counterpart of Eötvös's *Szegénység Irlandban*. Griffith recommended the Austrian-Hungarian compromise and the resulting constitutional setup as a potential model for England and Ireland, and he extensively discussed the political philosophy of the liberal Ferenc Deák, who shared many of Eötvös's ideas.

Baron József Eötvös was a talented creative writer as well. He is credited with having been one of the earliest novelists in Hungary. While *A karthauzi* (*The Karthäuser*, 1839-41) was written in the tradition of late romanticism and can be called a 'me-novel' (it was later made into a film directed by Mihály Kertész [Michael Curtiz] in 1916 in Budapest), some of his other works, especially *A falu jegyzője* (*The Village Notary*, 1845) were aimed at providing a wide social panorama *á la Balzac*.

Baron Eötvös returned to political life after the Compromise (*Ausgleich*) in 1867, which called the Austro-Hungarian Monarchy into being. He took the same portfolio he had had briefly during the early months of the Hungarian Revolution of 1848 and became the Minister of Religious and

General Education. His National Schools Act of 1868 was hailed as one of the most wide-ranging and progressive such pieces of legislation in contemporary Europe; it introduced a comprehensive reform of the system of education originally enacted under Empress Maria Theresa in the latter half of the 18th century. József Eötvös was also the President of the Hungarian Academy of Sciences (1866-1871); his son, the phycisist Loránd Eötvös (renowned especially for his 'torsion balance') later held this position in 1889-1905. Loránd Eötvös was also a Minister of Education in the mid-1890s; and in 1950 the largest university of Hungary (founded 1636) was renamed the Eötvös Loránd University.

The *Szegénység Irlandban* and *The Resurrection of Hungary* are only two links in the strong intellectual bonds between the Hungarians and the Irish, which bind the two nations despite the relatively huge physical distance between them. Others include the Irish Madonna of Győr *[above]*, (brought to Hungary by Bishop Lynch of Galway after his expulsion by Cromwellians in 1653), and Ferenc Liszt's concert tour in Ireland in the early 1840s, and the existence of a James Joyce Society in Hungary (from where Leopold Bloom's father had emigrated to Ireland).

It is sometimes said that the greatest writers and artists stand on the shoulders of their lesser known or even unknown predecessors; likewise, the most outstanding intellectual achievements in the Hungarian-Irish relations could not have been realized without the friendship and mutual sympathy between the Hungarian and Irish people at large.

CONCERT.

MONSIEUR LISZT
HAS the honour to announce to the Nobility and Gentry of Belfast, that he will give a
GRAND EVENING CONCERT,
IN THE MUSIC-HALL,
On *FRIDAY, January* 15, 1841.

PROGRAMME.
PART I.
Trio—"Soave sia il vento," Miss STEELE,
Miss BASSANO, and Mr. J. PARRY,......... *Mozart.*
Aria—"Non piu de fiori," Miss STEELE,... *Mozart.*
Solo—Flute, Mr. RICHARDSON.
Recitative—"My prayers
are heard,"...................... } Mr. PARRY. *Handel.*
Aria—"Tears such as tender
Fathers shed,"......................
Aria—"L'Amor suo," Miss BASSANO,.... *Donizetti.*
Overture—Piano-forte, "Guillaume Tell,"
M. LISZT, ... *Rossini.*

Dublin, November 2014

The Author

BARON JÓZSEF EÖTVÖS – whose statue stands in Budapest in the square that bears his name – was one of the most interesting and appealing Hungarian public figures of the 19th century: a statesman driven by deep humanitarianism, a much-admired political thinker, and the first master of the Hungarian realist novel.

'Baron Eötvös was a thoroughly romantic character,' his friend and contemporary, Ferenc Pulszky, writer and politician, wrote of him in 1850.[1] 'He was more than the hero of a novel: his adventures and his fortunes made him a real hero.'

It is hard to disagree with Pulszky. The prosaic did not feature much in József Eötvös's life.

For instance, there was the incident that led to Eötvös's first novel, *A karthausi / The Carthusian* (1839) – the story of a young French aristocrat who, after a disappointment in love, decides to abandon the world and lead the silent, solitary life of a Carthusian monk. It was a romantic work, but hardly more than the events that inspired it.

The background to the story – as Eötvös wrote to a friend many years later – arose from an experience he had at a monastery in France in the mid-1830s, when he came across two Spanish women seeking to go inside. They were hoping to speak to a relative – a young man who had decided to become a monk after a disappointment in love. The women

---

1.   Preface to the English-language edition of József Eötvös's novel *The Village Notary* (London, 1850).

thought they might dissuade him from this plan, but as only men were allowed to go past the doors, they were helpless. Eötvös offered to act as go-between, but finding the young man was determined to stay in the monastery, he could do nothing more than bring this news back to the waiting relatives. On hearing it, the women decided to write their relative a letter. They spent four days composing it in a nearby village, while the gallant Eötvös patiently waited in the monastery. The young man would not be persuaded, but Eötvös had found a setting and a plot.[2]

For a final touch of romance, *A karthausi* was made into a silent film in Budapest in 1916. The director of it was Mihály Kertész – Michael Curtiz – who would go on to direct *Casablanca*.

1882 COMMEMORATIVE EDITION OF *A KARTHAUSI*

Baron Eötvös was born in Buda in 1813 to a noble family, at a time when Latin was the official State language and German was the language encouraged by the Habsburg monarchy (and the language Eötvös spoke as a child). He did not learn Hungarian until he was 13. The Kingdom of Hungary (which included Slovakia, Transylvania, Croatia, as well as modern Hungary and parts of modern Austria and Serbia) was a Crownland of the Habsburg Monarchy and of Austria. His father, Baron Ignacz Eötvös, a high-ranking official attached to the monarchy, was deeply unpopular with – even hated by – many nationalist-minded Hungarians for his loyalty to the Habsburgs and the uncompromising manner in which he expressed it. On one occasion, for instance, he was said to have ordered two lesser gentry, who were objecting to tax decrees of the Habsburg government, to be arrested in chains.[3]

2. Aladár Molnár, 'Eötvös "Karthauzi"-jának eredete' *Pesti Napló*, December 23 1871 [as quoted in Paul Bődy, *Joseph Eötvös and the Modernization of Hungary 1840-1870*, The American Philosophical Society (Philadelphia, 1972) p.20].

3. Zoltán Ferenczi, *Báro Eötvös Jószef* (Budapest, 1903) p.5.

In the circumstances, his choice of tutor for his son perplexed everyone. He appointed a staunch anti-royalist who had played a minor part in the 1794 'conspiracy' to create a republican Hungary, independent of the Habsburgs. The effort had been a disaster: seven of the leaders were executed, and József's tutor, József Pruzsinsky, had served eight years in prison – an experience, said Pulszky, that had left the tutor with an 'unamiable' personality. Pulszky went on to suggest that this might have been the reason the conservative and royalist Baron Ignacz Eötvös had chosen him to instruct his son – so that the pupil would be put off republicanism by the teacher's dourness.[4] If so, the plan failed, because József got on well with Pruzsinsky.

BARON IGNACZ EÖTVÖS

József was closer to his mother, Baroness Lilien (daughter of a Westphalian cavalry officer who had married into a Hungarian aristocratic family) than he was to his father. He was also close to her father, who through his marriage:

> ...had inherited an estate in Ercsi, which he developed into a productive and profitable undertaking by the adoption of modernized farming practices and the cultivation of such diversified products as tobacco, brandy, and sunflower-seed oil. He also built his own flour mill, ships to transport products to Pest, and

EÖTVÖS MUSEUM AT THE ERCSI ESTATE

> used threshing machines. These innovations were the first examples of improved agricultural techniques and in fact the beginnings of a rationalized, profit-oriented system of agrarian production in Hungary ...Since Eötvös

4.   Ferenc Pulszky, Preface to *The Village Notary*, London, 1850.

lived on this estate in his childhood, his grandfather's economic success and the comparative backwardness of Hungarian society probably became one of his earliest impressions of the Hungarian scene.[5]

The Baroness Lilien *(below)* seems to have been universally liked, and is described in nearly all accounts as a well-educated, artistic, and deeply compassionate woman. Most commentators suggest – and indeed, his own writings seem to confirm – that József took after her.

'His sympathy for human suffering, his sensitivity to all forms of injustice, and his personal unselfishness was fostered by the example of his mother.' [6]

Without doubt, he was an unusually idealistic young man. In 1836 he wrote to a friend:

I have chosen a goal. I am satisfied with myself and life. I wish only to be of service to others, to live, to labour for others, even without recompense. The real reward is the deed, and it is happiness even to strive for such a goal.[7]

He studied law and philosophy at Pest University, then briefly followed in his father's (and grandfather's) footsteps, taking a position with the Hungarian Court chancellery in Vienna in 1835. Jozsef disliked the life, however, and resigned in 1836, having decided that his interest lay with literature and reform politics. He had already gained fame as a poet, for *The Frozen Child /A megfagyott gyermek* (1833) about an orphan who freezes to death at his mother's grave. The poem

5. Bődy, p.9.
6. Miksa Falk, *Kor- és jellemrajzok* (Budapest, 1903) pp.208-216, quoted in Bődy p.10.
7. Eötvös, letter to László Szalay 29 March 1836, quoted in Bődy, p.16.

POSTER OF THE 1936 FILM

(< made into a film in 1936) was much admired, and was said to reflect his thinking, not just about the unloved and rejected individual, but about 'those classes, minorities, and nations whose dignity is violated and whose need for love is unfulfilled in the contemporary world' – a group in which he included Ireland, whose people he considered were being demonized in order to justify the wrongs done to them.

He wrote in 1837, the year of his visit to Ireland:

> Among the monsters of the world there is none which gave birth to so much unhappiness as prejudices and judgments. They first condemned to the stake the old sickly woman whose only sin was her ugliness, they stigmatised a people for persecution and contempt, and in free America, they have robbed a great part of the population of the most sacred rights of humanity because their skins are dark.[8]

On the basis of appearances, it is hard to imagine a more incongruous figure in the nightmare world of the 1830s Irish rural poor than the glamorous young Baron Eötvös. Even around the capitals of Europe, where he spent time in the mid 1830s, he had been a glittering figure, according to a contemporary.

JÓZSEF EÖTVÖS *c.*1830

'He was a great favourite of women. His reputation as a poet had proceeded him; he was amiable, he was rich…a thoroughly romantic character.' —Ferenc Pulszky.

8.   Eötvös, letter to Szalay, 3 Sept. 1831, quoted in Bődy, p.14.

Among Ireland's poorest, the good-looking young Baron must have seemed a creature from another world, but his sympathy and interest were entirely with them, and he wrote passionately on their behalf. From his text, it would appear that the conditions of Ireland put the conditions of Hungary in perspective. Noblemen might have owned and controlled the land of Hungary, but at least the serfs there had some protection, whereas the poor in Ireland had none at all.

Within the Hungarian nobility, there were three groups:
— The higher nobility or magnates (such as the Eötvös family) who tended to have a close association with the Habsburg monarchy and with Vienna.

— The middle nobility, or gentry, who lived on their provincial (and usually very old-fashioned) estates in the Hungarian counties; each of which (there were 52 counties) had the autonomy of a little kingdom.[9]

— The lesser or 'sandal-wearing' nobles for many of whom the only privilege of having noble status was that it distinguished them from the peasants. Generally having little money, they might become priests or lawyers, or enter other professions. Many reform politicians and intellectuals came from this group, including Eötvös's great friend from his boyhood, László Szalay.

TRIPARTITUM LAW BOOK, 1565 EDITION, SETTING OUT PRIVILEGES OF NOBLES

Then there were the serfs – over 90% of the population:

Hungarian serfs, as others, had to make the usual contributions to their landlords, including one-ninth of their livestock and harvest and an average of one day of

9. One authority describes the situation as follows:
'Thus politics in Hungary depended upon the provincially oriented, conservative, and backward county aristocracy. ... Eötvös believed that the county system made possible the rule of traditional despots in the Hungarian Kingdom.'
– Éva Bóka, *Hungarian Thinkers in Search of Democratic European Identity* (Budapest: Grotius, 2006) p.6.

labour per week. The lord also collected fees for the distilling of brandy, for the use of the wine press mill, and customs duties. The serfs also paid the tithe to the church. The position of Hungarian serfs was made particularly miserable by several acts of the Hungarian nobility, which showed the latter's utter contempt for the plight of the lower classes. One of these was the imposition of two new taxes on serfs in the early eighteenth century: the tax for the support of the imperial army, and the domestic tax used for the upkeep of noble county government. Both taxes ought to have been paid by the nobility, yet it evaded this obligation and shifted them to the shoulders of the impoverished serfs.[10]

In 1840, only about 5% of the population – city dwellers mostly, and frequently of German, Jewish, or Serb background – were none of the above. In the opinion of Eötvös, the absence of a large middle class was one of the most serious problems Hungary had to address if it were to become a modern society.

It was the middle nobles – the gentry – that Eötvös had in his sights when he wrote his next and most important novel, *The Village Notary /A falu jegyzője* (1845), which was the

A FALU JEGYZŐJE (DIR. ÉVA ZSURZS) TELEVISION FILM, 1986

first Hungarian realist novel and created, in the words of one critic, 'a portrait of contemporary Hungarian society of panoramic proportions, depicted with the passion of a poet and with the lucid diagnosis of the social reformer.'[11] It was acclaimed internationally (translated into many languages), and it remains a gem. In 1986, it was turned into a television film.

According to Pulszky, in a preface to that work, Eötvös had not started out to write a novel at all, but rather a political pamphlet

10. Bődy, p.22.
11. Lóránt Czigány, *The Oxford History of Hungarian Literature* (Oxford: Clarendon Press, 1984) chapter x.

intended to caricature the county administrations. Pulszky wrote:

> But fortunately for the public, Baron Eötvös was a
> better poet than a politician, and his political pamphlet
> ripened very much against his will into one of the
> most interesting works of fiction that the Hungarian
> literature can boast of. His book was eagerly read and
> enthusiastically admired, it was devoid of all political
> action. Baron Eötvös missed the object at which he
> aimed; but he carried off a higher prize.[12]

Not everyone agreed with Eötvös that the system
of autonomous counties with their parliaments and
administrators were contrary to the national interest. Many
saw them as essential for the
safeguarding of Hungarian
national identity, particularly in
the face of the Habsburg policy
of Germanizing Hungary.
The Village Notary depicted
a provincial administration
riddled with:

HOUSE OF PROVINCIAL GENTRY
NEAR TORJA (TURIA), HUNGARY

social evils, corruption, electioneering, and inhuman prison
conditions, the oriental despotism of petty officials, the
capricious interpretation of by-laws and regulations, and it
was not greeted with enthusiasm by the society at which
it was directed. He was later accused – so the popular
anecdote (attributed to Deák) goes – of employing the
method of the author of a veterinary textbook who in his
over-zealousness depicted in a single illustration all the
possible diseases that can affect a horse.[13]

His next novel, *Hungary in 1514* /*Magyarország 1514-ben*
(1847), was a portrait of Hungary during the outbreak of the
most violent serf rebellion in Hungarian history:

12. Pulszky, Preface to *The Village Notary*, London, 1850.
13. Ibid.

Eötvös emphasized in his novel the dangers connected with the deep social tensions that existed in Hungary in the sixteenth century and which had obvious applications to nineteenth-century Hungarian society. In his view the nobility was primarily responsible for these tensions. Its preoccupation with petty political rivalries, its narrow class outlook, and its insensitivity to the lower classes and to the public interests of Hungary are some of the causes for the social upheaval of 1514 that Eötvös cites. Most importantly, in his view, the social oppression of the peasantry had created personal and social estrangements which inevitably led to revolution.[14]

In the novel, a leader of the peasant revolt states:

'... because we belong to that people which you, powerful lords, trampled under foot like dust of the earth; because we know that your sense of honour does not concern us the poor, and that among you there is no one who would not consider it glorious to deceive us. If you speak our language, this is done, it seems, to deceive us more easily, because between us and you, there is no other bond but the yoke we bear, that is the reason we do not trust you.' [15]

1514 UPRISING – WOODCUT
BY GYULA DERKOVITS

From 1841 on, Eötvös was finding it necessary to support himself by his writing. 'The financial crisis of 1841, and the money speculations of the old Baron Eötvös, led the family to the brink of ruin,' Pulszky wrote. There were debts on the estate at Ercsi, inherited from his maternal grandfather, which the family could not meet, and after a disagreement

14. Bődy, p.44.
15. Eötvös, *Magyarország 1514-ben*, quoted in Bődy, p.44.

with his father about how to deal with this, the young Eötvös renounced his rights to the family estate. He left the family home, and moved to the apartment of his friend, Ágoston Trefort, in Pest.

From this time on, Eötvös remained a titled nobleman only by name. He earned his living from writings and public service, thereby assuming the position of an independent litterateur and political writer.[16]

In 1842, he married Ágnes Rosty, and the couple had four children – daughters Ilona, Jolán, and Mária (born in 1846, 1847, and 1851), and son Loránd (born 1848) who would become one of Hungary's most eminent scientists, and who would describe his father as his 'best and truest friend.' Two months after Loránd's birth, during the Revolution of 1848, the family left Hungary, and remained in exile in Munich (near where József's sister Júlia lived) until 1850, during which time Eötvös wrote the important political treatise, *Dominant Ideas of the Nineteenth Century and Their Impact on the State /A XIX. század uralkodó eszméinek befolyása az államra*. As for why he left Hungary, he wrote in a letter to the journalist and writer Antal Csengery:

JÓZSEF AND ÁGNES EÖTVÖS WITH BABY

Why did I depart? ...It is easy to explain this to him who knows my mentality, but to others it is impossible to explain. I felt myself useless. I was not born a revolutionary. However great the purpose may be, I cannot ignore the sufferings of individuals. It is my conviction that material power, which is the support of every revolution, is not the

16. Bődy, pp.34-35.

EÖTVÖS STATUE, BUDAPEST

path on which the human race can progress.[17]

He fought for good causes and consistently sided with the underdog, but one of Eötvös's most appealing qualities – although it must have meant that he suffered constant disappointments – was his extreme idealism, and his belief in the power and necessity of decency:

... Even if all the chains have been broken and all burdens overthrown, yet the human race shall remain miserable until the time when we shall find something which affects all human beings with warmth and melts man's icy selfishness. It is not enough if the traces of the injustices of centuries have been erased from our statute books and if our laws are motivated by a humanitarian spirit; it is necessary that human beings become just.[18]

Possibly it is because of this idealism that he finished his essay on Ireland as optimistically as he did, noting that the situation for the Irish poor had improved somewhat in the previous fifty years and would surely continue to get better. Mentioning that slavery had been abolished in the British colonies, he went on to state:

I strongly believe, if we don't want to be unjust to England, we can expect it to continue its progress in the direction of righteousness, and we can expect Ireland to settle down in peace after winning its rights.

A decade later, the Great Famine would strike, and Ireland's

17. Eötvös, letter to Antal Csengery, quoted in Géza Voinovich, *B. Eötvös József* (Budapest, 1904) p.30 [Bődy, p.59].
18. Eötvös, *Magyarország 1514-ben* (Pest, 1847) p.242, quoted in Bődy, p.44.

poorest would be annihilated, between one and two million of them dying of starvation while grain and other produce were exported from Ireland under military escort.

On his deathbed in 1871, Baron Eötvös warned his son Loránd that, for the sake of his future happiness, he should devote himself to science and keep out of politics.

s. j.

FUNERAL OF BARON JÓZSEF EÖTVÖS AT ERCSI, 1871

In 2013, to mark the 200th anniversary of his birth, the Central Bank of Hungary issued a 3,000-forint silver coin featuring József Eötvös's portrait, handwriting, and a volume of his works.

IRELAND, 1830

JÓZSEF EÖTVÖS'S ESSAY ON PAGES 2–158 WAS ORIGINALLY
PUBLISHED IN HUNGARIAN IN 1840 IN THE FIRST EDITION
OF BUDAPESTI SZEMLE [BUDAPEST JOURNAL]

Contents

Szegénység Irlandban

Mióta a mozgalom nagy férfia, O'Connell, az angol parlamentben fellépve, ez ó falak körében, hol a pápista-gyűlölés s alkotmányosan gyakorlott zsarnokság szavai végre elveszték varázshatalmokat, a rokon angol nemzet előtt népének sorsát fedezé fel; mióta lángoló szavakban festé azon állapotot, melyre vallási elnyomás és egy mostoha kormány százados önkénye hozhaták nemzetét; mióta cselekedve lép fel ő, a fenséges koldus, évről évre igazságot kérve honának; mióta a büszke angol nép előtt ő, az egyes, fenyegetődzve léphete fel, s szavára, mint távol mennydörgés, milliónyi ajkakról ugyanazon szó visszhangozék az irlandi kanális túlpartjáról: Erin zöld szigete a hatalmas szavára mintegy a tenger mélyéből felmerülve, egész Európa figyelmét magára vonta. – Csudálva látta századunk Anglia harcait, melyekben e világ óriás zsarnoka egy szabad nemzet állhatatossága előtt porba dőlt; vágyteli tekintettel néztek a népek a tengerek királynéjára, reménnyel a nemzetre, hol szabadság s törvény századok óta frigyben él, s földrészünknek egyik éjszakaibb országát kertté, annyi nemzedékből álló lakóit egy nagy néppé alkoták: de Irland felszólal, s a nimbusz eloszlott.

– Nem a szabad nép, mely nemünk jogait mint egy köz-palladiumot megtartá annyi harcok közt; nem a hatalmas, melynek milliónyi karait együtt éldelt szabadság erősíti s egyesíti köz-védelemre; nem a gazdag, melynek hajói földtekénk minden tengerét eltölték, éldeletet hozva s cserélve, minden partokon virágzó gyarmatokat alapítva, birodalmakat hódítva; most a zsarnok lép elénkbe, ki egy nemzetet hét századig elnyomva, miután nemzetiség, vallás s velök minden egyéb ürügy elhasználtatott, remegni kezd szolgája előtt; most látjuk ez oly nagynak vélt erő belső gyengeségeit; most hozzánk hatottak a koldus sóhajtati, kinek ínségét annyi fény

Poverty in Ireland

E ver since Daniel O'Connell's momentous arrival in the British Parliament, all of Europe has become aware of the state to which the Irish have been reduced by harsh government repression and religious despotism. Within the walls of Westminster, words of hatred for Catholicism and in praise of constitutional tyranny finally lost their magic power as O'Connell exposed the suffering of his people to their English kinsmen.

Following his fiery descriptions of how Ireland had been affected for centuries – both by religious persecution and by the arbitrary rule of a hostile government – almost alone he has posed a threat to the proud English nation.

This majestic advocate has been demanding justice for his people – demanding it without pause, year after year, until the word Ireland could be heard so often from millions of lips that it became like the sound of thunder from across the Channel; the green isle of Erin has emerged at last from the depths of the ocean and drawn the attention of all of Europe.

Earlier in this century, England was looked on with awe as she brought down in battle the world's great tyrant. She was seen as the queen of the sea, viewed with hope and desire as the country where freedom and law governed life for centuries, a garden of northern Europe, and a community of different peoples in one nation. But then Ireland spoke, and this vision vanished.

No longer seen as the Palladium, upholding in battle the rights of mankind; no longer the country of freedom and strength coming to the defence of other nations; no longer the rich country whose ships have filled all the seas of the planet, engaging in trade, founding prosperous colonies, and conquering empires. Now England appears

s arany csak évről évre nevelék; egyszóval, láttuk Irlandot, s
szívünk csak szánakozást érez régi tisztelete helyett.
Mert ki maradhatna érzéketlen ennyi fájdalom előtt?
ki láthatná e népet, mely az utast, mihelyt hajójából e
szenvedések honába kilépett, mint egy nagy kolduscsapat,
körülfogá, s mely őt rimánkodva kíséri fel a Giant's
Causeway-ig, hol a sziget végsziklái emelkednek az
atlantikum felett éjszak felől; le a Killarney-i tavakig, hol a
sziget déli részén a természet oly nyájas köntöst ölte magára,
mindenütt egyenlően szenvedve, mindenütt rongyokban,
mindenütt éhség s betegség nyomát hordva halvány arcain;

"Irish Mendicants" (Alfred Fripp, 1845)

ki utazhatnék végig e tartományon anélkül, hogy látva
zöld téreit, melyek vidám színekkel a smaragdsziget nevét
szerezék neki, s látva a nyájas völgyeket s ékesen emelkedő
hegyláncokat s annyi tavat, a Shannon folyóját – melyhez
Angliában hasonló nincsen – s a nagy atlantikumot, mely
véghetlen vízrónájával e földet körülfogá, s látva a nyomorult
kunyhókat a természet nyájas csudái között, s a kőkerítések
közé szorított kis szántóföldeket, rossz mívelésért silány
terméssel fizetve gazdájuknak, látva egyszóval, mi szépnek
teremté Isten e földjét, s mi nyomorultak lehetnek azok, kik
rajta laknak, – el ne szomorodnék!

a tyrant, who has oppressed a nation for seven centuries, crushing its nationality, religion, and everything else of importance. Now she is trembling before the country she has enslaved, and we see the inner weakness of the foe that had seemed so mighty. Now the groans of the beggar have reached us – the beggar whose poverty got worse every year as England's gold and glory increased.

In other words, we saw Ireland, and our heart has felt only pity, driving out the respect for England it felt in the past.

Because who could fail to be distressed in the face of this much pain? Who would not feel sadness at the sight of the many beggars who encircle the traveller when he steps off the boat in this land of sufferings, and who accompany him everywhere: to the north, up to the Giant's Causeway, where the outermost rocks of the isle jut out above the Atlantic, and to the south, down to the lakes of Killarney, where nature wears an affable dress? But the suffering is equal everywhere. Everywhere people are in rags, and wearing the traces of hunger and disease on their pale faces.

Who could remain undisturbed travelling through this land, seeing on the one hand the green fields, whose bright colours gave the country the name Emerald Isle, and seeing the gentle valleys and the proudly rising mountain ranges, and so many lakes and the river Shannon – the likes of which cannot be found in England – and the great Atlantic, which surrounds this land with its infinity of water? But seeing also the wretched huts amidst the gentle wonders of nature, and the small plough lands that are squeezed between stone fences, and that pay their owners poor harvest for gruelling farming; seeing, in other words, how beautiful God has created this land, and how miserable can be those who inhabit it – who could see these things without feeling a great sadness?

England's poor have become proverbial. Those who only wish to find faults with the home of the constitution, who probe for her weaknesses, and seek to bring about her destruction, as they have been doing for half a century – these people keep

Anglia szegényei közmondássá váltak. Azok, kik az alkotmány régi honában csak hibákat kívánnak találni, s szorgosan felkeresve minden sebjeit, fél század óta végromladással fenyegetik a hatalmas szigetet, annyit s annyiszor említik e szegényeket, hogy bizonyára, ha akarnánk is, sem feledkezhetnénk meg róluk, éppen oly kevéssé, mint magok az angolok, kik, noha a szegényi törvény † által a taxa, mely 1834-ben 7 511 219 font sterlinget tett, 1836-ban már 5 713 272 fontra szállott le, még maiglan elég súlyosan emlékeztetnek ez ősi bajokra. – De csalatkozik, ki azért e két hazát a szegények állapotjára nézve csak legtávolabbról összehasonlítaná; s elég egy tekintet az irlandi kanális két partjaira vetve, hogy e csalódásról azonnal meggyőződjék.

Anglia a közjólét képét mutatja az idegennek. A farmer kevés acre-nyi szántóföldjétől, melynek zöld kerítése között magas kalászokban hullámzanak az érő vetések, a lord parkjáig, melynek tölgyeit fejsze nem éri; a kis cottage-től, melynek fényes ablakai nagy hársak lombjai közül csillognak a vándor elébe, a magas palotáig – mindenünnen kényelem s jólét mutatkozik. Az utakon – milyenekről hazánkban nem álmodunk, s milyenekre itt a North Wales legnéptelenebb grófságaiban akadunk – kocsi kocsit ér, míg számtalan gőzölgő kémény s mindenfelől a terjedelmes gyárépítmények az idegent bámulatra ragadják. – Itt-ott egy koldus, ki félve a vagrance-i act ††
szigorúságától, rejtődzve koldul, vagy családjával munkát keresve utazik; néha az út mellett tömlöchöz hasonló építmények, melyekben az újonnan alakult

ENGLAND:
STANDARD WORKHOUSE DESIGN OF 1835

szegényuniók † egyikét mutatja kalauzunk: ez minden, mit az elhíresztelt szegénységről Angliában látunk, s mi, engem legalább, azért, mert kisebbnek találám, mint képzeltem, lepett meg.

Anglia gyárok országa, s azért olyan, mely szegények nélkül nem lehet. Hol számtalan kéz oly produkcióval foglalatoskodik, mely vagy nem az ország határa között, vagy csak a divat által

mentioning England's poor so much and so repeatedly that one could certainly not forget about them, even if one wanted to. Even the English themselves can't forget about their poor: the tax levied on them by the Poor Act † was £7,511,219 in 1834, and even though it decreased to £5,713,272 by 1836, the amount remains a serious reminder of ancient problems. But in relation to the condition of the poor, it is impossible to compare England and Ireland. One look at the two countries on either side of the Irish Sea reveals there is no comparison.

To the stranger, England presents an image of public well-being. From the few acres of the farmer's arable land, filled with ears of ripe grain waving between high green hedges, or the park of the lord where the oak trees are never cut; from the small cottage with its bright windows that the traveller sees glimmering through the leaves of the great lime trees, to the high palaces – everywhere there is a comfort and well-being. On the roads, the like of which we can only dream about in Hungary, and which we find even in the least populated counties of North Wales, carriages follow carriages, while countless smoking chimneys and the large factory plants everywhere beg the stranger's admiration. Here and there, one comes upon a beggar who, fearing the severity of the Vagrancy Act,†† seeks to hide from view, or who travels with his family in search of work. Along the road, there are sometimes jail-like buildings; our guide explains these to be examples of the new Poor Law Union workhouses.† This is all we see of the widely rumoured poverty in England – which, for me at least, was a great surprise, as it was much less than I expected.

England is a land of factories, and so cannot do without the poor. Where countless hands are engaged in production, and the insatiable consumers of this production are found either outside the borders of the country, or among people of fashion, and consequently where the wages of most workers depend on a daily changing taste, or on the opening up or closing of a foreign market, or on a new competitor, or perhaps on a customs

† Poor Act, Poor Law Union workhouse: see pp.168-177. —Ed.
†† The Vagrancy Act, 1824, made it an offence in England and Wales, punishable by imprisonment with hard labour, to be found begging or 'wandering abroad' etc. —Ed.

találja emésztőit, s hol így a munkások nagy számának keresete
a naponként változó divattól, egy külföldi vásár megnyitásától
vagy elzárásától, egy újonnan fellépett konkurrenstől vagy talán
egy messze földön alkotott vámtörvénytől függ: ott a munkások
sorsa biztos nem lehet, ott ezereknek ideig-óráiglani szegénysége
néha oly elkerülhetetlen, mint azon munkátlanság, melynek az
következése; ha újonnan feltalált erőművek s gyármódok ezernyi
kezeket nem fosztanának is meg néha munkájuktól, mit főképp
jelen századunkban annyiszor láttunk.

Az angol szegénység mintegy *sine qua non* feltétele
gazdagságának, mindkettő egy köz-kútfőből, a gyáriparból
eredett, s ki a szegény-taxa nagy számát tekintve
egyszersmind el nem feledi, hogy annak nagyobb része
ideigleni szegények (temporary paupers) felsegítésére
fordíttatik, azaz: azon napszámosok feltartására, kik ideig-
óráig vagy éppen semmi, vagy legalább magok s családjok
feltartására eléggé jövedelmező munkát nem találhattak, s
kik e körülmények megszűnésével soraikból azonnal kilépnek
s független munkásokká válnak: az bizonyára Anglia
állapotját e részben sem fogja oly szerencsétlennek tartani,
mint közönségesen hirdetik. – Terhes a szegény-taxa minden
kétségen kívül, elosztásában néha igazságtalan s nyomasztó,
de ha Anglia leginkább gyárainak köszönheti felsőbbségét, s
e gyárak bámulatos kifejlődését azon szabadságnak, mellyel
erőműveket használt: vajon azok, kik VI. Eduárd 5. és 6-ik
cap. 22. törvényének megszüntetése után a munkást azon
biztosságtól, mely neki e törvény által adatott, hogy erőművek
a szövetek készítésében használtatni nem fognak, megfoszták,
s kik 1835-ben 22 500 000 ft st. gyapotszövetet,[1] s ugyanazon
évben 34 000 000 ft. st. érő pamutportékát készítettek
gyáraikban,[2] panaszolkodhatnak-e joggal e szegény-taxa ellen,
mely nélkül kereskedői kifejlődésök lehetetlenné válnék?

Irland állapotja más. 8 000 000 népességének majdnem
egyharmada[3] szegény, nem, mint Angliában, segítve a

1. Mac Culloch
2. Mac Culloch
3. Az irlandi szegények állapotjáról vizsgálódó biztosok 3-ik
jelentésükben, 1836-ban 2 600 000-t vesznek fel.

duty created in a faraway land – in such a country, the fate of the workers can never be secure: the temporary joblessness of thousands, and the temporary poverty which results from that, are inevitable. Also newly invented machinery, and new factories incorporating these machines, take away work from thousands of hands, as we have seen so many times especially in this century. Poverty in England, therefore, is like a *sine qua non* condition of her wealth. Both derive from the same common source, the factory system. Also, regarding the great sums of money collected by the Poor Tax, one should not forget that most of the money collected by this tax is spent on the helping of the temporary paupers, i.e. to support those day labourers who, for the time being, have not found any work, or work that pays sufficiently to provide for themselves and for their families; but when these circumstances change, they abandon their dependence on the Poor Tax and become independent workers. Consequently England's situation is not as depressing as is commonly spoken about. The Poor Tax is a burden without doubt; in its distribution, it is sometimes unjust and depressing. But if England owes its superiority mostly to the superiority of its factories, and owes the remarkable evolution of these factories to the freedom with which it has used machine-driven production, then could there really be a rightful complaint against the Poor Tax from those whose factories produced in 1835 cotton fabric to the value of £22,500,000,[1] and in the same year cotton products to the value of £34,000,000?[2] (This of course was after the repeal of enactments of Edward VI which had been brought in for the purpose of protecting workers, but the effect of which had been to make impossible the mechanization of textile factories.) Without the Poor Tax, their development as traders would have been impossible.

The situation in Ireland is different. Almost a third of its 8,000,000-strong population is poor,[3] and unlike in England,

1. McCulloch, John Ramsay, *A Dictionary... of Commerce and Commercial Navigation*, 1832 & 1839.
2. Ibid.
3. The Commissioners investigating the conditions of the poor in Ireland registered 2,600,000 in their third report, 1836.

szegény-taxa által, ideigleni szükségben szenvedve, melyből munkásság vagy szerencsésebb viszonyok által csakhamar ki fog emeltetni, de szegény, nem segítve senkitől, nem várhatva semmit a jövendőtől nagyobb szenvedéseknél egyebet, nem látva más kimenetelt, mint éhenhalást, vagy talán – ha sorsa boldogabb – jobb napokat ugyan, de távol honától egy más boldogabb éghajlat alatt, hol szíve nem fog találni emlékeket, s hol boldogságára mindig egy haza hijányzik. – Kinek szíve e föld nagyainak örömein gyönyörködik, az megelégedve járhat körül itt is. Palotákat fog találni itt is, s kiterjedt parkokat, fényesen öltözött cselédeket, egyszóval minden fényt s éldeletet, amivel az angol arisztokrácia magát környékezni szokta. De a kunyhó szerény és boldogítóbb ékességeit, azon közjólétet, melyben egy nemzet osztozik, azon megelégedést, mellyel az utolsó angol farmer az első lordig, kis vagy nagy birtokára tekint, a mosolygó gyermekcsapatot, mely a vándort Angliában zajongva körülfogá, itt ne keresse senki. Egyesek éldelnek, egyesek bírnak, egyesek boldogok itt: a nemzet koldul.

De honnan e különbség? A két hon felett egy ég boltozik: Irland földe jó és termékeny, mint a brit szigeté; kikötői számosak; népe elmés és iparkodó; határa a nagy atlantikum. S mért hát ennyi különbség e két testvérsziget között? miért ott annyi jólét, itt annyi szenvedések? ott annyi míveltség, itt a középkor homálya?

– Ha a lémani tón végigmegyünk, meglepve hat ránk a különbség, mellyel két partja elénkbe áll; ha egyfelől Genftől le Vevey-ig hosszú sorban kert kert után, villák s kényelmes parasztházak, szőlőhegyek s szántóföldek szüntelen változásban, egy nagy virágozás és jólét képét mutatják előttünk: csudálkozunk, hogy a másikról kopár hegyeket találunk csak, az Alpesek szomorú csendjét, s legfeljebb itt-ott egy lakot, mely a természet csudáinál emelkedő lelkünket emberi nyomorúságainkra emlékezteti; – de itt legalább különböző birodalmak állnak előttünk, a parton külön nép lakik, különböző institúciókkal, s habár csudálva látjuk ezen institúciók nagy befolyását, nem kételkedünk rajta.

it is not the case that these people are helped by the Poor Tax while they are in need that is only temporary, and from which they can soon get relief by offers of work or from some other improvement in circumstances. In Ireland, the poor are not helped by anyone, cannot expect anything from the future except more suffering, cannot see an outcome other than starvation, or – if their fate is happier – better days, but far away from their homes, under a gentler climate, in places where their hearts have no memories, and where their happiness will always be reduced by a longing for home.

Those who enjoy the privileges of the rich and powerful can wander in Ireland with satisfaction. They can find palaces here as well, extensive parkland, and brightly dressed servants – in short, all the glamour and enjoyment the English aristocracy surrounds itself with.

But the modest and blissful joys of the cottage, the common welfare a nation enjoys together, the satisfaction with which everyone from the last farmer to the first lord of England watches his smaller or larger estate, the smiling group of children buzzing around the traveller – all these are found in England, but should not be looked for here. Some here may have a life of pleasures, some may get by, and some may be happy living here; but it is a nation of beggars.

But where is this difference coming from? The same sky arches above the two lands: the earth of Ireland is good and fertile, like that of the British isle; its people are witty and diligent; its border, too, is the great Atlantic. Then why are there so many differences between the two sibling islands? Why is so much prosperity found there, and here so much suffering? – there the abundance of literacy and culture, here the backwardness of the dark ages?

When one walks along the shores of Lake Geneva, one cannot but be surprised by the great difference between the two shores; on the one side, from Geneva to Vevey, one sees long rows of gardens one after another, villas and cosy farmhouses, vineyards and plough-lands in incessant variation. So we are surprised to see on the other only bare

– De Anglia s Irland egy kormány alatt él. – Ez, mint amaz, képviselő alkotmánnyal bír; ez, mint amaz, arisztokratikus, Angliának négy törvényszéke van, Irlandnak ugyanannyi, s hasonló név alatt bíráskodó. Irland, mint Anglia, grófságokra osztatik, mind a két országban municipális testületek találtatnak, mind a kettőben a szociális hatalmak első foka az egyház. Mind e két országban a törvények végrehajtása, a kormány rendeleteinek eszközlése, hasonló nevű s hatáskörű tisztviselőkre bízatik. Sheriffet, hadnagyot, kormányzót s békebírát találni minden irlandi, mint minden angol grófságban. Honnan hát e különbség?

Minden szociális problémák között, melyeket korunk megfejtett, vagy legalább megfejteni iparkodik, nincs talán egy, mely figyelmünket inkább érdemlené, mint ez, s talán nem leend érdektelen a magyar közönség előtt is, ha ezen ország állapotjáról, s azon okokról, melyek véleményem szerint annak kútfejei, röviden értekezendem. Úgyis, valamint azért tanuljuk a múlt kor történeteit, hogy belőlök jelen állapotunkra találjunk oktatásokat: úgy néha jó határainknak körén is túl nézni, mert sok fekszik ott, mi talán reánk nézve jóslás. – Okaim s nézeteim helyességéről ítéljen mindenki önmaga, az adatok pontosságáról, amennyire emberileg lehet, jótállok; csak egy hiteles kútfőből, az irlandi szegények állapotjáról vizsgálódó küldöttség jelentéseiből merítvén azokat,[†] vagy egyesek munkáiból, de melyekre a közelismerés a hitelesség bélyegét rányomá.

Castle and Tenants' Cabins, County Cork. 1824

mountains, the sad silence of the Alps, and only here and there a home, which reminds our soul, as it admires the wonders of nature, of human wretchedness. But at least these are different empires before us. Different peoples border the two shores, with different institutions; and we do not doubt the huge influence of these institutions, even though we are amazed by it.

But England and Ireland live under the same government. Both share a parliamentary constitution, both have aristocracies, both England and Ireland have four law courts with similar names. Ireland, just like England, is divided into counties; in both countries there is municipal government, and in both countries, the greatest degree of social power is exercised by the church. In both countries the execution of laws, and the implementation of government regulations, are entrusted to officials with similar titles and authority. Sheriffs, lieutenants, governors, and magistrates can be found in every county both in Ireland and in England. So where is this difference coming from?

Of all the social problems our age has solved, or at least has endeavoured to solve, there is not one that more deserves our attention than the problem of Ireland, and perhaps it will not be uninteresting for even the Hungarian public, if I have a short discourse on the state of this country, and on the sources and causes, in my opinion, of its present condition.

As we study history, so as to learn from it about our present state, so it is sometimes worthwhile to see beyond our borders, because there we might see much that might be a pointer to our own future. Whether my reasons and views are correct or not is a matter of personal judgement. As far as is humanly possible, I stand by the exactness of the data, which is taken from credible sources: the reports of the Commission which investigated the state of the paupers of Ireland,† or from other works which the public has already accepted as reliable.

---

† The Royal Commission of Inquiry into the State of the Poor of Ireland, established in 1834; see pp. 168-177. —Ed.

I

Ha egy nemzet állapotáról ítélni kívánunk, főleg mi
annak tömegét, azaz: szegényebb osztályait illeti,
mindenekelőtt szükséges ösmernünk azon viszonyokat,
melyek a földbirtokot szabályozzák. – Mert habár a
földmívelés a közjólétnek nem egyedüli kútfeje is, s habár
kereskedés és gyáripar nagyobb kincseket gyűjtve, több
külső fényt árasztanak el néha országok felett, bizonyos
marad, hogy a népre, az egyeseket tekintve, semmi nagyobb
befolyást nem gyakorol, semmi több jólétet nem terjeszt,
mint a földmívelés. – Emelkedjék egy nemzet bármi
magasra gyárai által, központosítsa a világ kereskedését
s tőkéit: a nép szegény maradhat azért; mint napszámos
dolgozhatik gyáraiban, mint munkás hordhatja a partra
a kereskedés kincseit, mint matróz fáradhat hajóin, de
ínsége meg nem szűnt. – A gazdag, kinek tőkéi e csudákat
alkoták, neki részt nem ád nyereségeiben, s míg egy előre
nem látott környűlállás, mely e kincsaknákat egyszerre
elrontá, a munkást azon csekély élelemtől, melynél egyéb
neki úgysem adatott, megfoszthatja: minden gyarapodás
csak a gazdagnak s nem neki ád hasznokat, ki, bármennyire
nevekedik azon indusztriális ág, melyben dolgozik, néha
számát látja nevekedni, többnyire munkáját, de csak ritkán
a bért, melytől egész létele függ. – A földmívelés természete
más; bármennyire tökélyesüljenek technikus készületeink,
a földmívelésnél a legnagyobb kapitális mindig a munka
fog maradni, s azért olyan valami, mi a népé, s mit a
gazdag használhat, de soha magáévá nem tehet; s valahol
a földbirtokot intelligens kezek között elosztva, valahol e
birtok mívelését virágozásban látjuk, ott boldog s gyarapodó
népességet fogunk találni mindig. – Hol a földbirtok
kevesek által monopolizáltatik, hol a munkát kereső nép
általellenében csak egyes nagybirtokosok állanak, hol maga a
nép a birtokból vagy legalább annak használásából kizáratik:
ott csak koldusokat, csak szerencsétlen pórt kereshetünk.
    Ha ily nagy tekintetet érdemel a földbirtok elrendezése
minden nemzetnél, mennyivel nagyobbat érdemel olyaknál,

I

If one wishes to judge the state of a nation, especially concerning its masses or poorer classes, first one needs to know the conditions regulating the ownership and use of land. Because while agriculture is not the sole source of common welfare, and while trade and industry can give rise to greater wealth and international glory, rest assured that nothing has greater influence on the people, on each individual, and can do more widespread good than farming. No matter how high a nation is elevated by its factories, even becoming the centre of the world's trade and capital, its people may still remain poor. Working as day-labourers in the factories, hauling export goods to the dock, toiling as sailors on its ships, they are always in need. The rich, whose capital created these wonderful things, will never offer them shares of the profit. And yet, while an unforeseen circumstance might put a stop to the gold-mine that is industry, and consequently a stop to the worker's small wage, which is all he has, any growth in that industry will benefit only the rich, not him; and no matter how rich his particular industry grows, he only sees the numbers of workers growing, and generally his workload increasing, but rarely his wage, on which his whole existence depends.

The nature of farming is different. No matter how much mechanization is advanced, human work remains the greatest asset, and so it is something that belongs to the people, that the rich can use, but can never own exclusively; and wherever one sees the property of land distributed among intelligent hands, wherever one sees the farming of this land prospering, one will find there a happy and prosperous people.

Where the land property is monopolized by the few, where the owners of large estates and those who look for work have opposing interests, where the people are excluded from the estate or from its use: there one can only find beggars, the wretched poor.

If the proper usage of land is a priority in every nation, should it not be particularly so in nations which are engaged

melyek egyenesen s majdnem kizárólag földmíveléssel foglalatoskodnak, s ilyen Irland. – Nézzük hát ez országnak viszonyait közelebbről. – Irland földmívelő ország; csak kevés gyára lévén, népessége nagyrészint gazdasági munkákkal foglalatoskodik. – Ily országban, ha külső kereskedése virágzó, a birtokos gazdag lehet; a napszámos, ki munkája után él, szükségképp szegény. – A mezei munka nem tart az egész éven át egyformán, s míg például aratás vagy kaszálás idején nagyszámú munkásokat kíván, téli hónapokban csak keveset használ, s azért a napszámos, ha önálló, az esztendő egy részében a másik kereskedéséből kíntelen élni, s így nem takargathat; ha pedig szolga, béres, bizonyára urától annyival kisebb bért nyer, mennyivel többször munkátlan, s ritkán vagy talán soha puszta élelemnél tetemesen nagyobbat. – Ha még ily országokban gyárak nincsenek, melyek a munka iránt a földbirtokosokkal konkurrenciába lépnének, s azt emelnék, s ha a birtoktalan munkásról (mint nálunk az úrbér által) törvényesen gondoskodva nincs: bizonyos, hogy a munkabér végre lehető legalacsonyabb fokára nyomattatván, ily országokban egyes boldogok mellett egy elszegényedett kolduló népet fogunk találni.[4]

Ha ily országokban a birtok sok kezek között találtatik – legyen az örökös jog vagy csak haszonbirtok által –, hol a birtokosok között egy középosztály létezik, ott e napszámosok sorsa (főképp ha nem szerfelett számosak) tűrhető lehet, a birtokosok a munkára nézve konkurrenciába

4. Magyarország eddigi állapotját, melyet mint gazdálkodót s gyárokkal nem bírót ellenvetésül hozhatna fel valaki, Irlanddal öszvehasonlítani nem lehet; nemcsak mert népessége aránylag annyival csekélyebb, de mert úrbéri viszonyai (főképpen miként azok a haszonbirtok szabad eladása előtt léteztek), habár a mezei gazdaságnak gátakat szabtak, s az indusztriális kifejlődést talán hátráltak, a földmívelő népességnek sorsát biztosították. – A paraszttelkek s mindazon megszorítások, melyek bírásokkal öszvekötve valának, éppen úgy gátolák a gondatlant birtoka elfecsérlésétől, mint, fájdalom, a szorgalmast iparkodásiban; s míg az irlandiak megfosztva a birtoktól, nagyrészint szabadak maradtak úri kötelékektől, a magyar földmívelő úrbéri telkeiben mintegy szegény-taxát bíra, mely által élelme biztosíttatott.

almost exclusively in farming, such as Ireland? Let us have a closer look at the developmental state of this country. Ireland is a farming country; having so few factories, its population is mostly engaged in agricultural works. In such a country, if its trade with the outside world is thriving, the land-owners can be rich, but the day-labourers, who depend on work for a living, must necessarily be poor. Work in agriculture is not equal over the year. While mowing and harvesting require many workers, only a few workers are needed during the winter months, so the day-labourers, if they are just hired by the job, are forced to live for months of the year on the incomes they earned in the other months, and cannot save up for the future. If they are in employment, as servants or farm hands, they certainly receive less from their masters whenever they have less work to do, and hardly (if ever) more than the basic food for the day.

If there are no factories in such countries to compete with the land owners in demand for labour, and which would thereby raise the wages for labour, and if there are no legal provisions to care for the landless workers (such as the *úrbér* [*corvée*] in Hungary), it is certain that in this situation – which keeps the labour wage down to a minimum – one will find a happy few, and impoverished, begging masses.[4]

If in countries with an agricultural economy, the land property were to be divided among many, whether by qualified ownership (*dominium directum*) or tenancy (*dominium utile*), and where a middle class exists among the property holders,

4.   One could bring up the present state of Hungary as a contradictory example. It is also an agricultural country, without factories, yet it cannot be compared to Ireland: not only because its population is so much smaller, but because its copyhold estates (especially before the free selling of leases) did make provision for the people employed in farming, even though this system held back agriculture and hindered industrial evolution. – The peasant lots, and all the limitations that were linked with ownership, were as effective in holding back the careless from wasting away their estates, as they were painful to the diligent in restraining their endeavours; and while in Ireland there are no bonds between the landless and the estate-owners, the Hungarian tenant farmers are covered by the equivalent of a poor-tax in their copyhold lots that provide food for them.

lévén egymással, és indusztriális iparkodásaik által több kezet használván, – de hol e birtok csak kevés birtokosok közt osztatik fel, ott e konkurrencia nem létezvén, s a mezei gazdaság kevesebb iparral míveltetvén s azért kevesebb kézre szorulván, e munkások sorsa annyival szerencsétlenebb leend, mennyivel inkább nevekedik számok. Így van Irlandban, mely Európa minden országai között talán az, melyben a földbirtok legkevesebb kezek között találtatik. Mik lettek légyen ez állapotnak okai, később fejtendem meg, most lássuk következéseit.

Az irlandi föld, amint mondám, kevesek s nagyrészint angolok által bírattatván, majdnem kizárólag haszonbérlők által míveltetik, s ha magát Angliát tekintjük, melyben a gazdaság századok óta olyannyira csak ilyes haszonbérlők által gyakoroltatik, hogy a farmer (haszonbérlő) név a nyelvben mezei gazdával egyértelművé vált, s ha tekintjük azon nagy befolyást, melyet két ország ily hosszú összeköttetése után az egyik a másikra gyakorol, annyival kevésbé csudálkozhatunk e rendszeren, mennyivel természetesebb, hogy az angol irlandi birtokának jövedelmeit inkább honosai között éldelni, mint Irland bizonytalan földjén nevelni kívánja.

De Irlandnak népessége szegény lévén, s Angliának azon néposztálya, mely haszonbérléssel foglalatoskodik, Irlandban ilyetén vállalatokat tenni nem akarván, természetes, hogy az irlandi birtokos – habár akarta volna – földjét nagyobb részekben haszonbérbe nem adhatá; s innen van, hogy valamint Irlandban a birtok a lehető legnagyobb kiterjedésben bírattatik, úgy az a legkisebb s nagyrészint 20 acre kiterjedésnél csekélyebb részletekben bérleltetik.

Irland népességének nagyobb része eszerint vagy ily kisebb földek haszonbérléséből vagy egyedül munkája után élvén, miután úgyis csak a nemzet szegényebb osztályairól kívánunk főképpen szólani, mellőzzük el itt azokat, kik vagy maguk birtokosok, vagy 20 acre-nyi földnél többet bérlenek, s tekintsük csak az elsőket.

Ezek állapotjukra nézve három részre osztatnak. A kisebb haszonbérlők, a zsellérek s a napszámosok osztályára.

the fate of the day labourers (especially if they are not numerous) can be tolerable, as the property holders are in competition with each other in offering work, and as they need more hands for their intensive methods. But where the estates are divided between a few, so competition is lacking, and where the fields are cultivated by less intensive methods, meaning fewer hands are required – in those countries, as the number of workers increases, the more unfortunate their state becomes. Such is the case in Ireland, where, of all the countries in Europe, property is divided among the fewest people. I will discuss the causes of this situation later. For now, let us look at the consequences.

As I have said, the land in Ireland is owned by a few, most of whom are English, but any cultivation is done by tenants. If one looks at England – where farming has been carried out by tenants, so much so that the word 'farmer' in English had the meaning of 'one who worked the land under a lease' – and if one looks also at the great influence the two countries have on each other as a result of being interconnected for so long, one should be less surprised by this system. And it also fails to surprise that English landowners are inclined to spend the incomes of their Irish estates in England among their own people, rather than in the troubled land of Ireland.

Ireland's population is too poor to be able to lease anything but the smallest holdings, even if the estate owners wanted to divide the land into larger parcels, and English farmers do not wish to lease land in Ireland. That is why in Ireland, land in a holding of any but the smallest size tends to be in the usage of owners, and the holdings that are leased are very small, mostly under 20 acres.

Consequently most of the people of Ireland live on such small plots, or else as labourers; and as it is the poorer classes of the nation that I wish to speak about, we may as well ignore those who own large estates, or those who lease holdings larger than 20 acres, and just look at the poor.

They can be divided into three groups: the smaller lease-holders or small farmers; the cotters; and the day-labourers.

Az első (small farmers), melynek haszonbérlett jószága 5 acre-nál nagyobb.

A második (cottier), mely kis, 2 acre-nál nem nagyobb földjét s kunyhóját munkabérként bírja urától.

A harmadik (napszámosok), melynek élelme napi munkájától függ, s azon kis darab földtől, néha fél acre-nál nem nagyobbtól, melyet családjának tartására, többnyire már felszántva s bevetve vett által urától, s melyért többnyire 2 fontnál nagyobb bért fizet.

Egy hasonlóság van mind e három osztály között, amint látjuk, mindenik bír haszonbérben, a farmer egész élelmét a földmívelésben keresve, a zsellér nagyobb részét, a napszámos biztosságát. Mert miután Irlandban munka nem mindig biztosan található, vagy a munkabér néha oly alacsony, hogy a napszámos keresménye önszemélyének s gyermekeinek ellátására nem elegendő, csak a kis darab föld, melyet a munkás magának bérlett, biztosítja őt arról, hogy terméséből legalább a szükséges burgonyamennyiség meg fog maradni élelmére.

Föld, amint innen látjuk, minden irlandinak elkerülhetetlenül szükséges, s innen világos, hogy midőn a birtokos a haszonbérlővel béréről egyezkedik, ez szabad nem lehet, s hogy az ilyetén bérléseknél nem reménylt haszon, hanem egyedül az elkerülhetetlen szükség szabván határt ígéreteinek, a bérlő minden ajánlatra kész leend, ha általa azt, ami nélkül nem élhet, megszerezheti, s így magának s gyermekeinek sorsát legalább egy időre biztosíthatja. – Ez első szomorú következése Irland birtoki állapotjának s nagyrészint kútfeje mindazon szerencsétlen következéseknek, melyeket ez országban tapasztalunk, s melyek vele az egész szigeten egyformán eláradtak.

Ha az irlandi szegénység iránt vizsgálódó biztosok jelentésén átmegyünk, számtalan bizonyítványait találhatjuk ezen állapotnak, s habár az ország különböző tartományaiban a nép szegénysége különböző fokon áll is: ami a haszonbérléssel való konkurrenciát illeti, egyenlőséget találunk. – Mihelyt

The first (small farmers) are those with a leased holding of more than 5 acres.

The second (cotters/cottars/cottiers) are those who receive their small holdings, of not more than two acres, and their huts, as a work wage from their masters.

In the third group (day-labourers) belong those whose food depends on their daily work and on the tiny piece of land (sometimes not larger than half an acre) they might have rented [not from their employer]† to provide for their families. For this they usually pay a rent of more than two pounds a year; the land may be already ploughed and sown.

As we see, the three classes have one thing in common – all of them have a lease. But while the farmer might be able to keep himself in necessities by cultivating the land, and the cotter might be able to keep himself in most of them, the day-labourer has nothing but the food he gets directly from cultivation of his plot. Because in Ireland it is not always certain that one can find employment, or sometimes the wage might be too small to enable the day-labourer to provide for himself and his family as well, so for food he is dependent on the small plot he rents † and the crop of potatoes it provides.

As we see from this, land is indispensable for every Irishman, and so it is evident that when the landowner discusses the terms of the lease with a prospective tenant, the latter has no freedom. The promises the tenant gives are driven by the need from which he cannot escape, rather than by any expectation of profit, so the tenant will promise anything if by so doing he can get what is necessary for his survival, and thus secure the fate of his family, if only for a certain time. This is the first sad result of the Irish property system, and for the most part, the source of all the unfortunate consequences one sees in this country and which are everywhere to be seen throughout the island.

If one goes through the report of the Irish Poor Law Commissioners investigating poverty in Ireland, proof of the situation described above can be found; and while the poverty of the people is greater in some provinces of the country than in

† This would be a 'con-acre' rental, i.e. ground hired by the crop and not by the year. —Ed.

egy darab föld haszonbérlőjétől elhagyatott vagy elvétetett, azonnal 50-100 új bérlő jelentkezik, többnél többet ígérve, a birtokosnak vagy meghatalmazottjának ajándékok által jóakaratát keresve, egyszóval elkövetve mindent, hogy a földet bármi feltételek alatt magáévá tehesse, míg az úr kívánatit kénye szerint s közönségesen a lehető legnagyobb jövedelemnél magosabbra emelheti. – Így ígértetik egy font 11 shilling – 2 fontig egy kunyhóért, melynek készítése 6-7 fontnál többe nem került, s melyet emberek lakásának nem tartana senki, ha félig mezítelen gyermekek nem ülnének előtte, s a kéménytelen fedelen kigomolygó füst s a rongyokkal bedugott féllábnyi ablak nem mutatnák, hogy emberek lakházánál jár. – Így ígértetik ugyanannyi s néha 4 ftig egy acre-nyi földért, melynek jövedelme minden szorgalom mellett e bér fizetésére elégtelen; úgyhogy ha a bérlő ígéretének eleget tenne, nemcsak az egész termést, hanem még azon felül egy tetemes sommát volna kíntelen fizetni urának, mintegy díjul, hogy néki vala szabad szántani s bevetni földjét. –

De nézzünk egynéhány példát az irlandi szegények iránt vizsgálódó küldöttség jelentéséből, százakból csak egynéhányat választok ezen, mint a többi esetekben; ki bővebb utasítást kíván, nézze a sokszor említett munkát.

„Ha most tudatnám, hogy 5 acre-nyi földem vagyon kibérleni való, 24 óra alatt 50 ember jelentkeznék, s mindenike, bármily bért kívánnék, kész volna ígéretére."
—*Mr. Birmingham.*

„A munkás minden más élelemmód hiánya miatt kénytelen földet bérleni, s bármily áron legyen is; az ígéret megfizetése csak mellékes tekintet. Mindenki annyit ígér, hogy magának burgonyánál egyéb nem maradhat, s az egész búzatermés az úrnak adatik." —*Rev. Mr. Hughes és Parker.*

others, the competition for leasing land is equal everywhere. As soon as a plot is abandoned by, or is taken away from, its tenant, immediately 50-100 new tenants appear, promising more and more to the landowner or to his representative, seeking his favour with bribes – in other words doing anything they can in order to get that plot under any conditions, while the landlord can look for any rent he wants, simply setting it higher than the highest income.

That is why one pound eleven shillings to two pounds can be bid for a hut, the building of which did not cost more than 6-7 pounds and which no one would believe could be inhabited by humans if it were not for the sight of half-naked children sitting before it, the smoke billowing through the chimneyless roof, and the half-foot-wide window plugged with rags – only by these signs can it be seen that people do in fact live in this hut. And that is why up to four pounds is bid for the lease of an acre of land sometimes – land which could not possibly produce enough income to pay this rent, however diligently it was farmed. So if the tenant were to come through with the rent he had promised, he would be obliged to pay to his landlord all of the harvest, and a considerable sum on top of that, as a sort of a price for his being allowed to plough and sow the land.

But let us look at some examples from the Report made by the Commissioners investigating the Poor of Ireland. I choose only a few from hundreds. Those who want more should seek out this often-referred-to report. –

> 'If I now let it be known that I had a farm of five acres to let, I should have fifty bidders in four-and-twenty hours, and all of them would be ready to promise any rent that might be asked.' —*Mr Birmingham, Galway.*

> 'The labourer is, from the absence of any other means of subsisting himself and family, thrown upon the hire of land, and the land he must hire at any rate: the payment of the promised rent is an after-consideration; he always offers such a rent as leaves him nothing of the produce for his own use but potatoes; his corn being entirely for his landlord's claim.' —*Rev. Mr Hughes PP, and Parker, Galway.*

„Még oly bér is, melyet a nép itt mérsékeltnek tartana, oly magos, hogy a munkás élelmére burgonyánál egyéb nem maradhat." —_Rev. T. Maquire._

„Míg egy ember sem számolhat annyi munkára, mely által magának csak a szükséges burgonyát megszerezhetné, az, ki földet bír, erről legalább biztos; s azért mindenki kész minden ígéretre, hogy földet szerezhessen." —_Armstrong._

„Ha koldulni vagy éhen meghalni nem akar, kíntelen minden feltételre reáállni, melyért földet szerezhet." —_Nixon, Report 1 of the Poor Law Commissioners in Ireland._

Carlowi grófság, Birne Patrick elszegényedése okairól kérdeztetvén, így felelt: „Első bérlésem acre-ként 1 font 8 shilling vala, de mikor béridőm elmúlt, földesuram egyszerre 2 ft 5 sh. 6 d-ra emelé béremet. Mert fájt volna elhagyni azon helyet, hol születtem s felnőttem, azon valék, hogy maradhassak, s szegény anyám feje fölött megtartsam a házfedelet. De mit használt! Minden iparkodás s fáradságim mellett, ami nem vala benne a földben, azt nem lehete belőle kivennünk; nem fizethettük bérünket, s elhajtattunk. Az öregasszony elment ugyan a földesúrhoz s megmondta, hogy az egész termést neki adtuk, hogy jól tudja, hogy minden rozs, mihelyt learattatott, hozzá hordatott, hogy teheneimet bére fizetéséül hozzá hajtatta, de minden hasztalan vala; anyám nem nyerhete más feleletet, mint azt: a föld az övé, a pénz az anyámé, s hogy ha földjéért fizetni nem akar, továbbmehet. Anyám hetvenesztendős, uram, s mégis kínos látnom, hogy munkám után él, főképp hol alig találhatok munkát."

Amit ezen esetben látunk, az közönséges: elhajtás és koldusbot, majdnem mindig ugyanaz.

'...the rent which the people themselves would deem moderate, would not in any case admit of their making use of any other food than potatoes.' —*Rev T. Maguire PP, Leitrim.*

'Where no man can calculate on a sufficiency of employment to procure him even a diet of potatoes, the possessor of land alone is certain that he can raise enough of that article for his consumption, and he will promise anything to obtain it.' —*Mr Armstrong, Leitrim.*

'He must starve or agree to any terms that will procure him a portion of ground, unless he be willing to beg.' —*Nixon [Leitrim] from the First Report of the Poor Law Commissioners in Ireland [1835].*

County Carlow— Patrick Byrne, being asked the cause of his downfall, states, 'My first "take" was £1 /8 s. per acre, and when my lease was out, my landlord raised my second take to £2 5 s. 6 d.; I should either promise to pay it or quit at once. As I was loathe to leave the place I was born and reared in, I strove to stay and keep the roof over my poor mother's head; however, with all our industry and hard work, what was not in the land could not be taken out of it; we could not pay the rent, so of course we were put out. The old woman, however, went to the landlord, and told him he got all the produce that came off the land; that he knew very well he got the very corn, after it was cut, drawn away by his own carts and horses; that the cows we reared went to pay the rent; all would not do; and the only answer she got was, that the ground was his, and the money hers, and as she could not pay the rent he fixed on it, she should go somewhere else. She is now 70 years of age, sir, and it is hard to see her depending on my labour, particularly when I can scarcely get any.'

What we have seen in this case is common: driving off the lessees, driving them into pauperism, the same situation almost everywhere.

Mayoi grófság, barihooli egyház. Karován János múlt évben
földet bírt, de nem fizethetvén bérét, elhajtatott; jó munkás,
és örömmel dolgoznék, ha helyet találhatna; felesége
ínségben meghalt, ő most koldul három gyermekével, a
legidősebb bútorjait hordja, ő maga a legfiatalabbikat.

Mayoi grófság, maryki egyház. Ha valaki elveszti földjét,
azonnal koldusbothoz nyúlhat. —*Lud Dane.*

Carlowi grófság. Emlékezem 10 avagy 11 családra, mely
földjéről elhajtatott, s melyekből három vagy négy
személy rövid idő után a legszomorúabb állapotban
meghalt. —*Tiszt. Chelan [Phelan] János.*

Wicklawi grófság. Azok, kik e grófságban földeikről
elhajtattak, nagyrészint a legnagyobb szegénységre
jutottak, egy közülök, ki előbb 25 acre-t bérlett, egy
kunyhót vett ki magának, s hozzá 2 acre-nyi kopár
hegyföldet közel Baltinghoz, azon kívül napszámosként
dolgozott; de sorsának változása, a fáradság és nyomorúság
annyira hatottak reá, hogy két esztendő múlva egy új
út mellett, melyen mint napszámos dolgozott, halva
találtatott, családja koldult.

Waterford. „Míg Waterfordban tartózkodám —*így
szól Inglis A Journey throughout Ireland, during the
spring, summer and autumn of 1834 by H. D. Inglis. t. l.
p. 64.*— sokszor kirándultam a környékező tájékra, s
meggyőződtem, mennyire túlságos a legkisebb birtokok
haszonbére. Találtam kis farmokat, melyekért 4 ft 10 sh.,
5 ft, sőt 7 ft fizettetett acre-ncént. A farmerek mindenütt
csak burgonyával éltek. Sokan magok átlátták, hogy
tartozásaikért soha eleget tenniök nem lehet, és hogy
ily feltételeket csak az éhségtől kínszerítve fogadtak
el. Oly emberek, kik földmívelésnél egyéb életmódot
nem ismernek, s kiknek nagyrészint foglalatosságok
nincs, mindent, mi tőlök kívántatik, meg fognak ígérni,
csakhogy hajlékot találjanak."

County Mayo, Parish of Burrishoole: John Garovan last year held land, but being unable to pay his rent, was ejected; is a good labourer, and would gladly work if he got employment; his wife is dead, and he now begs himself with three young children; the eldest carries the bag, and he carries the youngest.

County Mayo, Parish of Murrisk: 'If a man lose his ground in this Barony, he may as well take the bag at once.' —*[Michael] Luddane.*

County Carlow: 'I recollect in one instance of ten or eleven families who were driven off one townland, three or four persons perished in most melancholy destitution.' —*Rev John Phelan.*

County Wicklow: Most of the tenants ejected in this barony have undergone great privations of every description. One of them, who previously held twenty-five acres of land, took a cabin and two acres of barren mountain, near Baltinglass, working also as a labourer. The change of fortune and of habits, and the extreme poverty he fell into, so affected him, that he died of grief, exhaustion, and want, two years afterwards, while working as a labourer at a new road; his family have been since his death, and are now, in the greatest misery.

Waterford: Inglis writes: 'While at Waterford I made frequent excursions into the surrounding country; and sufficiently verified the fact that the smaller properties were very much over-let. I found £5, £4/10s., and even £7 per acre, paid for small farms; and in all these cases, potatoes formed the small diet of the farmer, with occasionally the back-bone of a pig. ...Many acknowledged that their arrears never could be paid; and that they had taken the land at such rents, merely as a refuge against starvation. ...Men who are unable to turn to any business but agriculture, will agree to pay any rent so long as want of employment prevails to so enormous an extent.' —*A Journey Throughout Ireland, During the Spring, Summer and Autumn of 1834* by H. D. Inglis, p.64.

Kétségkívül káros ezen természetelleni állapot a birtokosra nézve, s habár az ígért bér nagy, s az irlandi birtokosnak nominális jövedelme évről évre nevekedik, bizonyos, hogy reális bevétele annyival csekélyebb, mennyivel bizonyosabb, hogy elszegényült bérlője tőke nélkül szűkölködvén, soha földjeit a legnagyobb termékenységig nem mívelheti; de bizonyára ezerszer károsabb és nyomasztóbb az a bérlőre, azaz: a népesség nagyobb részére nézve. Mert először, ha az első osztályt, azaz: azokat, kik öt acre-nál többet bérlenek, tekintjük, csak elkerülhetetlen szükség lévén az, mi őket a bérlésre bírá, ezen bér pedig olyan, hogy megfizetésére az egész termés nem elegendő: világos, hogy ki kapitálist haszonbérlésre magával nem hozott, minden ipar után is urának többnyire eleget nem tehet, s ha egyes szerencsésebb termés, vagy környülállások által néha felsegíttetnék, nem gyarapodhatik, mert egy évnek keresményét urának tartozott fizetései azonnal felemésztik. – Aki az irlandi szegénységről a parlamentben tett jelentéseken átmegy, s főképp a D. alatti függelékben a szegényebbek házi életének leírását olvassa, félig bámulva, félig szánva fogja látni minden földi sanyarúságok halmazatát.

„E néposztálynak egyetlen elesége burgonya; hús és kenyér, sőt néha tej ösmeretlen luxus előttök, olyannyira, hogy a gyermekek harmadik, negyedik esztendeig anyjok melléről szopják eledelöket." —1. *County Roscommon, Infirmery' master Plagman [Flanagan]. Ir. P. Com.*

Maga e burgonya, melyet a bérlő élelmére használ, csak azon rossz nem, mely lumpereknek neveztetik, s Angliában csak a marháknak szolgálván eleségül, itt a bérlőnek egyetlen étke, mert termékenyebb.

Az említett jelentésben a tanúk egyike eziránt azt beszéli, hogy egy bérlője házánál átmenő birtokos a bérlő leányát jobb nemű kolompérokat mosva találván s tőle azt kérdezvén, vajon ön-ebédökre készítik-e, midőn hallá, hogy igen, a házba ment, s a bérlőt megdorgálta, hogy mer ily burgonyákat enni, holott Dublinban árok oly jó, s ő még bérével

This unnatural situation is undoubtedly damaging to the landowner, for while the promised income from the lease is high, and the nominal income of the Irish landowners does increase year by year, it is certain that his real income is decreasing, because it is always the case that his impoverished tenant has no capital and cannot cultivate the land so that it is fully productive. But certainly the situation is much more damaging to the tenants, who are the majority of the population. If we look at the first group, those who lease more than five acres, only pure necessity drives them to rent the land, and the rent is so high that the value of the entire crop the land produces will not be enough to cover it. So it is clear that those who have no capital cannot meet the rent demands of their landlords most of the time no matter how much work they do; and when a plentiful crop or some other improvement in conditions comes to their aid – even then they cannot get ahead as that year's earnings will all be consumed by past debts to their landlords. Those who read the parliamentary Reports on the Condition of the Poorer Classes in Ireland, and especially Annex D on the household life of the poor, and become aware of the magnitude of suffering of every earthly kind which these households experience, will feel both amazement and distress.

> 'The constant use of potatoes without any admixture of other and better food,' – any flesh meat, and even milk, are unknown luxury for the poor – 'even to such a degree …that children continue at the breast for three or four years.' —*County Roscommon Infirmary, Mr Flanagan, Report of the Irish Poor Law Commissioners.*

The particular potato which the tenants use as food is called 'lumper', and is such a bad variety that it is only used as forage for cattle elsewhere, yet it is the only food of the tenants here, because it is more fecund.

In the Report referred to, one of the witnesses tells of a landlord passing by the house of one of his tenants, who, finding the tenant's daughter washing better kinds of potatoes, asked if she was washing them for their own meal, and when she said she was, he went into the house and castigated the tenant for

tartozik.

De bármi káros az egészségre nézve ezen élelemmód,
csalatkoznék, ki azt gondolná, hogy az irlandi földbérlő
csak ezt is mindig megszerezheti magának, s a
kolompérok legjobb neme sem tartván 12 hónapig, a
lumperek pedig még előbb megromolván, évenként a
népességnek nagyobb része több hétig szükségképp éhséget
szenved.

„A legrövidebb időszak, mely az ó-burgonyatermés
megromlása s az új beszedése között elfoly, 14 nap,
de többnyire két hónapra terjed, s terjedésével nő a
szegénység s adósság." —*Sligo, Dodwell.*

Meath grófságban a küldöttség minden rendű személyek
által értesíttetett azon szomorú állapotról, melyben a
szegény lakosok a két burgonyatermés között évenként
léteznek.

„Azok, kik munkát nem találnak, egypár penny
értékű liszttel élnek hetenkint, melyet vad mustárral
öszvekeverve levesnek főznek, e plánta minden kétségen
kívül egészségtelen, s ily módon készítve oly károsan
hat az evőkre, hogy egész bőrök megsárgul, s mégis
olyannyira közönséges, hogy noha a templomban
eltiltatott, s szedése minden módon gátoltatik, azt
megszüntetni nem lehet." —*1. Report of the Poor
Comissioners.*

„Galleway, Mayo, Kerry grófságok némely részeiben
június, július és augusztus hónapokban a romlott
burgonyát fűvel vegyítve eszik." —*Revans.*

„Michelstown-ban, midőn ott tartózkodtam (így szól
Inglis), oly nagy vala a szegénység, hogy 100 emberen
felül éhenhalással fenyíttetett; ezen veszély elhárítása
végett egy grófsági gyülekezet, aláírást nyitva a szegények
felsegítésére, egyszersmind vizsgálatokat kezde tenni.

daring to eat such good potatoes when he could get a high price for them in Dublin and while he was owing rent to his landlord.

Yet while a diet restricted to the lumper potato is damaging to the health, one would be wrong in thinking that even lumper potatoes are available to the Irish tenant all the time. The problem is that the lumper rots more quickly than better potatoes – and even the best kinds of potatoes do not stay edible for twelve months. Consequently, most Irish poor go hungry for weeks every year.

'The shortest period known to have intervened between the old crop becoming unfit, and the new crop becoming fit, for human food, is a fortnight, but with many it extends to two months; and in proportion to its length is the distress that prevails, and the debt incurred by the necessity of living on credit.' —*Mr Dodwell, Sligo.*

In County Meath, the Commissioners were informed by people of every class and rank about the state of wretchedness in which the poor exist between the finish and start of each year's potato crop:

'The common lot of almost all labourers only occasionally employed – to live on a few pennyworths of meal weekly …made up into a kind of soup, by boiling it with the weed commonly called prassagh in Ireland, and charlock (wild mustard) in England. This plant is decidedly unwholesome, and when eaten in the manner just described, is said to render the skin nearly as yellow as its own flower. To such an extent is this practice carried [on] in seasons of scarcity, and such are its noxious effects on the health of the poor, that the clergy were obliged to forbid their eating this weed; and in some cases the priests and farmers set persons to prevent them from gathering it.' —*First Report of the Poor Commissioners [Kells, Co. Meath].*

'During the months of June, July, August, …many [are] obliged to stay the cravings of hunger by resorting to the use of weeds in mixture with the half putrid potato …in …Galway, …Mayo, and in parts of Kerry.' —John Revans, *Evils of the State of Ireland*, 1837 [p.39]

S ki hinné, hogy egy csak 5000 emberből álló várasi népség közt 1800 személy találtatott minden élelem nélkül. S hogy ezenfelül a várason kívül, de ugyanazon plébániában még 1200 napszámos találtatott hasonló nyomorúságban." —*A Journey throughout Ireland by H. D. Inglis* [142. o.]

Tenant's Dwelling. North Cork (near Mitchelstown) c. 1840

Az irlandi földbérlő nem ösmer kényelmeket; lakása egy kis földbevert kunyhó üvegtelen ablakkal, kémény nélkül, rossz szalmafedelével meg nem őrözve lakóit az idő változásától. Egy szobáját, melynek közepét a tűzhely fogja el, a rongyokba burkolt család sertésével s kevés apró marhájával osztja. Egy ágy takaró nélkül, mely a család legidősebb vagy betegebb tagjának nyughelye, egy falóca vagy faszék s közönségesen egy vaskatlan, melyben burgonyái főzetnek, ez minden tulajdona. Gyermekei, nője rongyokkal takarják mezítelenségöket, s ruházatjuk oly szegény, hogy sok helyen a pap vasárnaponként kétszer tartja isteni szolgálatát, hogy miután a háznépnek egy része belőle visszatért, a másiknak adhassa ruháit, hogy a templomban az is megjelenhessék.

S mégis mind e lemondások s szenvedések után, a legállhatatosabb szorgalom mellett, mellyel az irlandi nemcsak önföldjét míveli, hanem munkát keresve Angliába átmegy, s nőjére bízva gazdaságát, ott bérért a legnehezebb munkákat végzi, melyekre angol nem találkozik, dolgozik,

'When I was in Mitchelstown, the distress was so urgent that, in order to prevent the actual starvation of hundreds, a public meeting was held, and a subscription entered into; and the scenes, which the investigation that followed, for the distribution of meal, &c, laid open, were of the most aggravated misery. Will it be believed, that in a town containing about five thousand inhabitants, *eighteen hundred persons* were found in a state of starvation? At least *twelve hundred* of these were unemployed labourers and their families...'
—*A Journey throughout Ireland* by H. D. Inglis [pp.142-3]

The Irish tenant does not know comfort. His home is a hut made of earth with glassless window-opening and no chimney, while its poorly thatched roof cannot protect the residents from the challenges of the weather. Its one room, the middle of which is occupied by the hearth, is shared between the family in rags, and their pig, and any small livestock. One bed without a blanket, where the oldest or sickest member of the family rests, a wooden bench or chair, and commonly an iron pot where his potatoes are cooking – that is all he possesses. His children and wife cover their naked bodies in rags, and their clothes are so poor that in many places the priest has to have two Masses on Sundays, so that the one part of the household, after returning from the Mass, could hand over their clothes to the others, so that they could go to the church in them as well.

And even after all this self-deprivation and suffering, and in spite of the most steadfast diligence with which the Irish not only cultivate the land available to them, but go over to England to find work there (leaving the women behind when they do, and taking the hardest jobs in England, which no Englishman would take) – even so the Irish tenant cannot earn enough to pay the landlord what he owes him in rent; he cannot gain the freedom from debt that would be the only way out of his suffering. His debt keeps growing year by year, as does the hostility of his landlord. The landlord wants to repossess, and will use any excuse to throw the non-payer out of his house, with his wife and children, leaving him with begging as his only hope to get any food. Or if he is more fortunate, and through his diligent

ő meg nem szerzi urának tartozó betét, meg nem szerzi azon függetlenségét, mely szenvedései között egyetlen enyhe lehetne.

Évről évre nő tartozása s urában a rosszkedv; s mert a birtokos kommasszálni akar, vagy bármi okból, a nem fizethető kivettetik házából, nőjével s gyermekeivel csak a koldulástól várhatva élelmét. Vagy ha talán szerencsésebb vala, s különös iparkodása által a jószágot termékenyebbé tevé, ura bizonyára fel fogja emelni bérét, míg a többiek sorsára hozza őt is. Mennyire használtatik a földesurak által bérlőiknek ezen állapotja, képzelhetjük. Egy urának akaratja ellen adott voks, politikai véleményei ellen aláírt kérelem elég arra, hogy valaki földjéről elhajtassék,† tory, radikal és whig között nincs, ki az ellenpártnak e részben szemrehányásokat tehetne. Konstitucionális szabadság sokaknak nem más, mint politikus hatalom után való küszködés, s fájdalom, sokan vannak, kik politikus elveik tökéletességéről meggyőződve elfelejtik, hogy nemcsak országok, hanem egyesek iránt is vannak kötelességeik, s hogy meggyőződésének önmagát feláldozni kötelesség, de másokat vétek. Mi azonban e kegyetlenkedéseket s azokat, melyek nemtelenebb okokból, mint p. o. haszonvágyból eredtek, még inkább növeli, az: hogy Irlandban a bérlő sokszor urával egyenes öszveköttetésben nincsen, s míg egy vagy más nagy úr bérlőjének neveztetik, tettleg mástól függ. Az irlandi jószágoknak egy része ti. közbenjárók (middleman) által béreltetik ki. Vagyonosabb spekulánsok egy nagy birtokos jószágait kiveszik, s azt kisebb részekre osztva, másoknak adják bérbe, kik azt ismét elosztják, s kiadják, úgy, hogy az utolsó legkisebb bérlő a föld valódi urától nem is ösmertetik. Így például egy irlandi jószágban Aldermann Hartynak ősei bérbe adták jószágukat acre-nkint 9 pennyért major Warburton őseinek, ezek Mr. Girndynak 2 sh. 6 d-ért, azaz 1 sh. 9 d-ral drágábban; ezek John North családjának 6 sh-ért, ki azt 1 font 7 sh-ért kisebb bérlők közt felosztá. Ezáltal a nép megfosztatik a közvélemény védelmétől is, s vele mindazon jóltevő befolyástól, melyet az sorsára gyakorolhatna, s az ország némely részeiben, hol az úr s kisebb bérlő egyenes összeköttetésben van, gyakorol. A szegénynek sokszor nincsen nagyobb védelme,

work the land becomes profitable, his landlord will certainly raise his rent, until he ends up suffering the same fate as others.

It is not hard to imagine how the landlords take advantage of the situation their tenants have been put in. A vote against the will of his landlord, or a signature on the petition contradicting his political views, can be enough to have the tenant driven off his land.† In their attitude to this, there is no difference between Tories, Radicals, and Whigs – they are all equally culpable. Constitutional freedom, for many, is nothing more than the struggle for political power. There are many, sad to say, who, believing in the perfection of their political principles, forget that they have obligations not only towards countries, but towards individuals as well; and they forget that, although they have a duty to sacrifice themselves for their convictions, it is a vice to sacrifice others.

Yet what makes these cruel deeds (and those that are committed for more base reasons, such as desire for profit) even worse, is that in Ireland the tenants are often in no direct contact with their landlords; and while they are called tenants of this or that great lord, in reality they depend on someone else.

Most of the leases in Ireland are taken through so-called middlemen. Wealthier speculators lease the land and chattels of landlords, then divide them into smaller parts and let them to others, who also divide their parts and sub-let them, so that the last, smallest tenant will not be known by the land's real owner at all.

For example, in one Irish estate, the ancestors of Alderman Harty had leased their estate for ninepence an acre to the ancestors of Major Warburton, who then let the lands to Mr Girndy for two shillings and six pence – an increase of one shilling and ninepence. Girndy then let these lands to the family of John North for six shillings, and North then divided these lands among smaller lessees for about one pound and 7 shillings.

By this method, the people are deprived of the protection of public opinion with all the beneficial influence that could have on their fate, as is the case in those parts of the country where the landlord and the tenant are in direct contact. Generally the powerless have no protection except the vanity of the landlords

† Secret voting did not exist until 1872. —Ed.

mint a hatalmasok gyengeségei, s nem keveset veszt közülök az, ki urának hiúságára nem hathat.

De ha a kis haszonbérlő sorsa (amint láttuk) szerencsétlen, a zselléré még inkább az, mert habár, mint láttuk, a zsellér bérként munkát kötve le urának, a bér megfizetéséről biztosítva van, nem válhatik függetlenné ezáltal urától. Minden földbérlésre számtalan konkurrens létezik, s így az úrnak önkényétől függnek azon feltételek, melyek alatt a zsellér e földet s kunyhóját, melyek nélkül nem élhet, bírhatja. Különböző e bér az ország külön részeiben, de csalatkoznék, ki annak nagyobb vagy kisebb emeltsége szerint akarná megítélni a zsellérek sorsát, s bizonyosak lehetünk, hogy a bér mindig munkában szolgáltatván le, ami a zsellérnek kisebb bér által elengedtetik, munkájának kisebb becse által helyre pótoltatik. Mert tegyük fel például, hogy a meghatározott munkabér naponként egy shilling (mi Irlandban a közönségesnél sokkal magosabb), s hogy haszonbére 4 font, kettő a lakásért s kettő egy acre földért (mi Irlandban a közönségesnél nem nagyobb), e bér 80 munkanap képviselője éppenúgy, mintha a munkabér 6 pence s a haszonbér 2 font lett volna.[5] Csak a népesség száma s véghetlen szüksége magyarázhatják ezen állapot lehetőségét, főképp ha meggondoljuk, hogy az idő, melyben e munka kívántatik, többnyire egészen az ártól függ, s hogy közönségesen akkor kívántatván, mikor a mezei gazdaságban legtöbb munka szükséges, a zsellérnek más keresménye alig marad, s minden munkássága után nem nyújtatik más reménység, mint hogy állapotjában megmaradva, az utolsó osztályba, azaz a napszámosok közé ne süllyedjen, kikhez képest még sorsa boldognak nevezhető.

„Három ily zsellér kunyhójába menék; az első, melybe jöttem, vert földből vala csinálva, csak egy szobából állt, sem szél, sem eső ellen nem őrizve lakóit; földje felette vizes vala, bútorul egy vékonyan takart ágyon, falócán s vaskatlanon kívül egyebet nem találtam benne; a háznak nem vala sem kéménye, sem ablaka, csak a földön szétszórva látszott egy kevés gallytöredék, mely ott

5.   Egy font 20 shilling, egy shilling 12 pence-ből áll.

– this being the landlord's weak spot – and they are significantly at a loss if they cannot appeal to this vanity.

Yet if the state of small farmers appears to be unfortunate, that of the cotter is more so; he works for the landlord as payment for his lease, and his work is the security for the lease; so he cannot free himself from his landlord. For every lease, there are many applicants, so the landlord can set any conditions he likes for leasing to the cotter the land and the hovel on which the cotter depends for his survival.

The cost of a lease differs from area to area throughout the country, but the situation of the cotter is not ultimately affected by the cost of the lease, whether it is high or low, because where the cost of the lease is lower, the work is considered to be of lower value as well. Suppose, for example, that the specified wage is one shilling per day (which is much higher than usual in Ireland) and that the lease is four pounds – two for the hut and two for the one acre of land (which would be typical in Ireland); this is equivalent to 80 days' wages. It would amount to the same thing if the wage were 6 pence and the lease 2 pounds.[5]

Only the size of the population and its infinite need could explain how such a situation could develop, especially when we consider that there is demand for the cotter's services at times when agricultural labour is most needed; but the cotter with hardly any other source of income, and in spite of all his work, can hope for nothing better than to stay as he is, and not sink down to the lowest class of day-labourer, compared to whom his condition could almost seem happy.

'And three of these I visited. –

'The first I entered was a mud cabin – one apartment. It was neither air nor water tight; and the floor was extremely damp. The furniture consisted of a small bedstead, with very scanty bedding, a wooden bench, and one iron pot; the embers of some furze burnt on the floor; and there was neither chimney nor window. The rent of this wretched cabin, to which there was not a yard of land, was two pounds.

5.   One pound is 20 shillings, one shilling is 12 pence

elégettetett; a lakó 2 ftot fizetett nyomorult hajlékáért,
melyhez egy talpalatnyi föld nem tartozott.

A másik, melybe belépék, egy domb hajlásán vala építve,
építésmódja mindenben az elsőhöz vala hasonló; benn egy
asszonyt találtam négy gyermekével; bútorai két takaratlan
ágyból, egy lócából s faszékből álltak, a gyermekek
rongyokkal valának takarva, s anyjok szomorkodott, hogy
ez okból oskolába nem küldheti. – Atyjok a lakásért 80
napot szolgált urának, napját 6 pence-szel számítva, a
2 font bérért." —*A Journey throughout Ireland during the
spring, summer and autumn of 1834. H. D. Inglis* [30. o.]

Már ha szerencsétlen a kisebb haszonbérlő zsellér állapotja,
vajon mi lehet annak a sorsa, ki élelmét csak napi munkája
után keresi, oly országban, hol a népesség száma és gyárok
nem-léte miatt e munka természete szerint bizonytalan, s a
zsellérek által naponként még becstelenebbé válik. – Mert
midőn a földbirtokos egy sárkunyhóért s egy vagy két acre-
nyi földért legalább 80 napi munkát kap, vajon lehet-e
feltenni, hogy a napszámost magas áron fogja fizetni, s
hogy nem csinálna inkább ezen esetre zsellért belőle? Innen
van, hogy az irlandi napszámos sokszor élelem mellett egy
vagy két denárért, élelem nélkül négy vagy öt dénárért
kénytelen szolgálni, s még ebből sem fizethetvén ki conacerje
haszonbérét, a boldogabb angol szigetben kénytelen munkát
keresni.

„A galwayi grófságban a napszámos 14 óráig dolgozik
napjában, néha 5, többnyire 6 denárért, oly időben, melyben
e pénz egy stone (14 font) burgonya vásárlására szükséges.

A limericki grófságban a fonógyárakban reggeli 5 órától
estveli 8 óráig dolgozó napszámosok 2½-4 shillingig
fizetnek hetenként." —*Inglis*.

Ne csudálja ezután senki, ha e szerencsétlen országban minden
csak a gondatlanság s elhagyás képét mutatja, ha az angol tisztaság
helyett rendetlenséget, egy jól tartott szorgalmatos nép helyett

'The next cabin I entered, was situated on the hillside: in size and material it was like the other. I found in it a woman and her four children. There were two small bedsteads, and no furniture, excepting a stool, a little bench, and one pot. Here also were the burnt embers of some furze, the only fuel the poor in this neighbourhood can afford to use. The children were all of them in rags; and the mother regretted that on that account she could not send them to school. The husband of this woman was a labourer, at sixpence per day; – *eighty* of which sixpences,' two pounds of wages '– that is, eighty days' labour, [being absorbed in the rent of the cabin]...' —*A Journey Throughout Ireland During the Spring, Summer and Autumn of 1834*, H.D. Inglis [pp.30-31]

If one considers the life of the smaller leasing cotter unfortunate, what can be said about the labourer whose sustenance depends on his having daily work, in a country where the size of the population and the absence of factories make this kind of work uncertain, and valued less day by day because of the cotter system. – Because when the landlord receives 80 days' work for a mud hut and one or two acres of land, is it realistic to suppose that he will pay the independent labourer at a wage that would cost him more? That is why the Irish day-labourers are forced to work for one or two pence when provided with food, for four or five pence without food. Because it would be impossible to pay their con-acre lease out of this income, they are forced to search for work in the happier island of England.

'In County Galway, the day labourer often works 14 hours a day, sometimes for 5, mostly for 6 pence, in times when that much money is needed to buy one stone (14 pounds) of potatoes.

'In County Limerick, the day labourers working in the spinning mills from five in the morning until eight at night are paid 2½ to 4 shillings a week.' —*Inglis*

rongyos koldusokat talál. – S habár Dublin utcáin végigmenve a népet részegen dorbézolni látjuk, s habár évről évre nevekedik a szeszes italok használata, nem a népé a vétek, nem azé, kinek meg kell felejtkezni magáról, ha örülni akar, kinek pálinkába kell fojtani emberi méltóságát, hogy elfeledje, mennyiszer nem becsültetett az. Nagy mentség a nyomorúság, s habár teli

College Green, Dublin, 1812

gyomorral szép s könnyű erényről s mívelődésről szólani, ritka az, ki, ha minden reménye megszűnt, nem süllyedne annyira, hogy végre minden szerencsére érdemetlennek ne látszanék, legalább hideg embertársai előtt, kik csak a jelent tekintve elfeledik, hogy vannak egész néposztályok, kik vétkeikért előre szenvedték a büntetést, s hogy legalább nem azokon áll az ítélet, kik nem tudva könyörülni, magok okozták e vétkeket.

Hogy az irlandi nép aljas állapotjának egyedüli vagy legalább legfőbb oka a szegénység, annak a biztosok jelentésében hasonlólag számtalan bizonyítványát találni.

Nehéz, így szól egy kérdezett zsellér, oly embernek, ki fülig adósságban van, iparkodónak lenni, maga sem tudja, hová nézzen.

Az irlandi munkás ezen elkerülhetetlen szegénysége által nemcsak gondolatlanná válik, de ha a kriminalitásokat tekintjük, melyek ez országban oly számosak, azon felül láthatjuk, hogy majdnem minden elkövetett erőszak s béketörés is vagy egyenesen élelemszerzés végett követtetik el, vagy legalább a földbirtokkal közvetve öszveköttetésben van, azaz: azon

Consequently, no one should be amazed that in this unfortunate country everything has signs of neglect and abandonment: instead of English tidiness, one finds squalor; instead of well-dressed, diligent people, one finds beggars in rags. And while walking the streets of Dublin, one sees the people drunkenly carousing. But although the consumption of alcoholic drinks increases every year, the fault does not lie with those who can find joy only in forgetfulness, and who need to drown their dignity in spirits to forget how often their dignity is disregarded.

Some may describe misery as an excuse. Misery may be said to be just an excuse, but while it is nice and easy for someone with a full belly to preach about virtues and culture, there are not many who, after being deprived of all hope, would not sink so low that eventually they would seem entirely undeserving of any good fortune – at least in the eyes of their cold fellow humans who only see what is in front of their eyes now, and forget that there are whole classes of people who are made suffer for their sins in this life, and who forget that those who directly caused these vices – because they have been unable to show mercy and compassion – have been spared the same judgment.

And the Commissioners' Report clearly proves that the wretched conditions in which the Irish live are caused solely or mainly by poverty.

As a cotter put it, in response to a question, it is hard for someone to be diligent who has no hope ever of escaping from debt and cannot see anything he can do to change this.

Thus the workers in Ireland not only cannot think ahead because of this relentless poverty, but in relation to acts of lawlessness – these happen frequently – one can see that almost every violent crime is committed either with the direct aim of getting food, or else arising from the lack of rights in relation to leased land – as revenge for, or to forestall, eviction by the landlord or his representatives.

In general, the people of Ireland are honest, and many crimes such as burglary, highway robbery and cattle-stealing almost never happen, and fraud and common theft are

bosszúállásoknak következése, mellyel a bérlő mind ura, mind meghatalmazottjai ellen magát a kivetéstől biztosítani igyekszik.

Ami az elsőt illeti, látjuk, hogy míg az irlandi nép egyébiránt becsületes, s míg sok vétek, mint például betörés, útonállás és marhalopás majdnem soha, közönséges lopások vagy csalások pedig felette ritkán történnek: június, július és augusztus hónapokban, akkor ti., mikor a múlt évi kolompértermés már romlani kezd, s az új még nem használható, alig múlik egy nap anélkül, hogy eleséglopások, pincetörések s néha erőszakoskodások ne követtetnének el a népesség szegényebb része által, mely nem, mint más országokban, haszonvágy, hanem egyenesen csak nyomorúsága által bíratik e tettek elkövetésére, s mely annyival féktelenebbül űzi e tetteket, mennyivel többet szenvedett szükségei által, nem ijedve vissza a büntetéstől, mely szenvedéseit nem nagyíthatja, s személyét csak szánakozás, nem megvetés tárgyává teszi.

„Ha ily körülmények alatt egész vagyonunknak felét vennék is el – így szól Byrne Stennie [Kennie] a biztosi jelentésben – nem perelnék ellenök."

S ezen gondolkozásmód annyira közönséges Irlandban, hogy a vétkeknek nagyobb része büntetés nélkül marad. Hol a lopások oka végső ínség, s hol ezáltal a legnemesb érzemények a vétkes mellett szólalnak fel, kevés találkozik, ki, például, ha egy anya másnak tehenét megfejé, hogy vele gyermekeit tartsa, vagy magának s családjának egy zsák burgonyát lopott, a törvény szigorúságát egészen igazságosnak tartaná.

De sokkal számosabbak s nagyobb tekintetet érdemlők Irlandban azon gonosz tettek, melyeknek jelleme bosszú, s melyek mezei vétkek („agrarian crimes") neve alatt csak Irlandban találtatnak. A szegény népesség egyetlen biztossága birtoktól függvén, s e birtok törvényes módon biztosítva nem lévén, különös társaságok állottak öszve, melyek a fejér fiúk, tölgyszívűek, fekete vagy fejér lábúak, Rock kapitány cimborái név alatt fenyegetéseik által a földbérlők sorsát biztosítani igyekszenek. – A birtokos, ki bérlőjét földjéről elkergeté, az új bérlő, ki ennek okául szolgált, a dézsmaszedő, ki hivatalát szigorúan teljesíté, egyszóval mindenki, ki a haszonbérlő változásánál vagy a dézsma beszedésénél eszköz

uncommon; but in the months of June, July, and August, when last year's potato crop starts rotting, and the new one is not yet ripe, there is hardly a day without food theft, and cellars being broken into, often accompanied by violence. Unlike in other countries, these acts are not committed for profit, but from the need of people in a desperate state. The more they have suffered because of want, the more ferocious their deeds are, and they are not frightened by any punishment, as no punishment can make their suffering any worse. These people are deserving of pity, not of contempt.

'If under such circumstances, they took half what we possess in the world, we would not prosecute.' —*Byrne and Kennie [Carlow], in the Commissioners' Report.*

This way of thinking is so common in Ireland that most of the crimes remain unpunished. Where the main cause of stealing is to avoid death by starvation, noble feelings are aroused on behalf of the offender. Hardly anyone wishes the severity of the law to be applied in such a case: for instance when a mother milks a stranger's cow in order to feed her children, or steals a sack of potatoes for herself and her family.

But far more numerous and deserving of attention are those wicked crimes which have the character of revenge and that are named 'agrarian crimes' only in Ireland. Because the poor have no security except what they get from leased land, and the law gives them no rights in relation to this land, strange societies have formed which, under names such as Whiteboys, Hearts of Oak, Blackfeet, Whitefeet, or the Friends of Captain Rock, have the aim of bringing security to the tenants through threats.

The landlord who drove his tenant off the land, the new tenant who was the cause of this, the zealous tithe collector – anyone who was an instrument of the tenant's removal or in the gathering of tithes – are targets of the revenge mission of such societies.

These societies largely emerged out of the hostility between

vala, e társaságok bosszújának célja.

E társaságok, melyek nagyrészint a vallásos viszálkodások között támadtak, de most minden politikus befolyástól szabadak, a nyilvános törvénykezés általellenében, mely a birtokost s gazdagot védi, egy más, titkosan, de elkerülhetetlenül sújtó tribunált képeznek a szegény s védetlen feltartására; ítéletének alapja a közvélemény, büntetéseinek célja az, hogy a birtokost példa által hasonló esetektől visszaijessze. E társaságok által elkövetett gonosztetteknek fő jellemei ezek:

1. ritkán követtetnek el azok által, kik magok sérttettek, hanem közönségesen olyanoktól, kik mind a vidékre, mind magára a megbántásra nézve idegenek;

2. ilyetén gonosztettek nemcsak a megbántott fél, hanem az egész szomszéd parasztság által helybenhagyatnak;

3. e helybenhagyást csak azon gonosztettek nyerik, melyek földbirtokkal öszveköttetésben vagynak, azaz: olyanok ellen követtetnek el, kik valakit bérlett földjéből kivetettek, vagy az ily kivetést okozták, vagy segítették; de habár közönségesen a személy agyonlövése vagy nehéz megvérezése, vagyonának felgyújtása s barmainak elhajtása vagy levágása követtetett is el, a nép azokat mindig helybenhagyja.

Bármi szigorúak legyenek a törvények az ilyetén gonosztettek büntetésében, végrehajtásuk olyannyira nehéz, hogy ezen gonosztettek nagyrészint büntetlenül maradnak; mert habár a törvényes bíró megvetve minden fenyegetést, mely által az ilyetén esetek elítélése előtt az említett titkos társaságtól ijesztetni szokott, kötelességét teljesíti; habár a jury az igazságot s nem azt tartván szeme előtt, hogy tagjai közül az elítélés esetére bizonyára néhányan vagy személyükben vagy vagyonukban bántatni fognak, a *bűnöst* ki akarná mondani: bármily nyilvános volt is a gonosztett, a bíró hasztalan fog tanúkat keresni, a tanúra halált esküdött a titkos társaság, s a törvény őt nem védheti ezen ítélet súlya ellen, melyet nem ösmert kezek rajta mindenesetre végrehajtani fognak, s melyet elkerülnie nem lehet; hacsak (mi most közönségesen történik) a per lefolyta alatt magát tömlöcben őriztetni, az ítélet után kivándorolni nem akar, még akkor is előre tudhatva, hogy családjának

the different religions, but they now operate independently of those politics. As the official law only defends the rich and the landowners, they characterize themselves as the inescapable tribunals for the protection of the poor and the defenceless. Their authority springs from public approval, their aim is to make examples of and to frighten the land-lords, discouraging them from their abuse of power.

The main characteristics of crimes committed by these societies are:

1. The acts are rarely committed by the original victims, but usually by those who are strangers both to the region and to the original offence.

2. Such offences are not only approved of by the original victim, but by all the agricultural tenants in the region.

3. Such approval is gained only by those offences which are connected to the leased land, i.e. they are committed against those who have driven away someone from his leased land, or caused or assisted such an act; and even though the crime usually involves shooting someone dead or seriously wounding him, or setting fire to his estate and driving away or slaughtering his livestock, the people always give their approval.

The laws against these crimes are severe, but the enforcement so difficult that most of them go unpunished. Because while the judge might be prepared to fulfil his duty and to condemn all the threats that usually issue from the secret societies, and while the jurors might be prepared to have regard only to justice, taking no account of the possibility that they might suffer personal harm or loss of possessions, and be determined to bring in a *guilty* verdict, it would be futile for the judge to search for witnesses, no matter how public the wrongdoing was. Witnesses are condemned to death by the secret societies, and no legislation can protect them against that sentence, which will be carried out on them by unknown hands, and which they cannot escape – even if a witness decides (as happens more often now) to have himself locked in prison for the duration of the court proceedings and to emigrate after the ruling is announced.

minden tagjai s mindazok, kik szívéhez, mint barátok, közel álltak, igaz tanúsága miatt a bosszúnak céljául tűzetnek ki. Csak a közvélemény adja súlyát a törvényes ítéletnek, s hol az, mint Irlandban, a törvénnyel ellenkezik, hol hosszú elnyomás vagy a törvénynek egyoldalúsága a törvényt a nemzet egy része előtt gyűlöletessé tevék, ott a bíró ítélhet, a hajdú kegyetlenkedhetik, de minden iparkodásával a gonosztevőt a nép előtt le nem alázhatja, sőt néha csak közbámulat s tisztelet tárgyává jeleli ki azt, kit sújtani akart. A mártír s büntetett gonosztévő között csak a közvélemény teszi a különbséget, s jaj azon kormánynak, mely vesztőhelyen vért onthat, de ítéletével meg nem fertőztetheti áldozatát.

Whiteboys Warning of a Raid

Meath grófságban egyáltalában kevés gonoszság követtetett el, az elkövetettek azonban közönségesen bérlők kivetésével valának öszveköttetésben, s olyanok ellen irányoztattak, kik másoktól bírt földeket kibéreltek, s így az előbbi bérlők kivetését okozták, – közönségesen ínség szülte elkeseredés okozá mindezen tetteket, melyek rendesen idegenek által követtettek el, –

„a tanúk között egy sincs, ki e tetteket másnak, mint a haszonbérlő unszolásának tulajdonítaná. A földmívelő néptömeg pedig annyira helybenhagyja ezen tetteket, hogy közönségesen örömet mutat, mihelyt ily valami tudtára jön." —*Cap. Delany, Mr. Cahill.*

He knows that all the members of his family, and every friend he was close to, become targets of the revenge.

Only public opinion gives authority to court rulings, and where, as in Ireland, law and public opinion are on opposite sides, where long oppression or the one-sided nature of the law makes the law the enemy of most of the nation – in those circumstances, the judge may rule, the sheriff may be brutal, but for all their efforts, they cannot demean the wrongdoer before the people. On the contrary, in most cases, they invite awe and respect for those they wanted to disgrace.

Only public opinion distinguishes between the martyr and the sentenced wrongdoer, and woe to the government that has the power to spill blood on the scaffold, but whose rulings cannot have an effect on its victims and whose judgement on its victim carries no weight.

County Meath— There are very few crimes committed here at all, but those few have usually been directly or indirectly connected with the taking of lands, the payment of tithes, or other charges affecting land, but especially with the taking of land over the heads of others. The crimes have been produced by feelings exasperated by privations; they have generally been committed by strangers who are not known, and, of course, are the most likely to escape detection and punishment.

Kilkenny— 'None of the witnesses has any reason to suppose that any persons above the small landholder have been the instigators to these outrages with a view to protect themselves from ejection. ...So much sanctioned were these outrages by the mass of the agricultural people, that they always manifested joy when they heard of them.' —*Captain Delany and Mr Cahill.*

Queen's County—'These crimes and outrages were not generally perpetrated by persons in distressed circumstances, although the cause assigned by those who committed them was to avenge the persons who were ruined or injured by being ejected from their farms, to prevent others from taking them, and to protect the

„E bántások s gonosztettek nem mindig oly személyek
által követtetnek el, kik magok szenvedtek, noha a
felhozott ok mindig azokon való bosszúállás, kik másokat
bérföldjeikből kivetettek, s másoknak ily földektől
való elijesztése; bizonyosan voltak azonban esetek, hol
egyes személyek, megfosztva földjeiktől, magok űzék
bosszújokat, s a tanú maga egy személyre emlékezik, ki
hasonló tettért halállal büntettetett."
—*Mr. Wray.*

„1834-ben Shanagoldenben Dixon úr birtokához tartozó
farm egy új bérlőnek adatván, kevés nap múlva a ház
felgyújtatott, s az új bérlőnek minden ingó vagyona s
marhája elégettetett."
—*Mr. Browne.*

Ki az eddig mondottakat egy képpé egyesíti, képzelheti
Irland jelen állapotját. Láttuk a nép nagy tömegét a
legszörnyűbb ínséggel küszködve, – láttuk kevés gazdag
birtokosait személyökben s birtokokban sértve, – láttuk
a törvényt gyengén, s átellenében organizált társaságokat,
melyek a szegénység védelmének ürügye alatt szabadon űzék
bosszújokat.

De vajon mik lehetnek ez állapotnak okai? – az angol
publicisták Irland mostani állapotját leginkább e következő
okoknak tulajdonítják:

1-ször: A pápista hitvallásnak, mely véleményök szerint
minden nagyobb mívelődéssel ellenkezik.

2-szor: Annak, hogy az irlandi nép az angol egyház
fenntartására kínszeríttetik.

3-szor: A felette nagy népességnek.

4-szer: A nagyobb birtokosok országon kívüli lakásának.

5-ször: Szegényi törvény nem lételének.

Én részemről eltérő véleményben vagyok. –

general interests of the poor. There certainly have been some cases in which ejected tenants have been driven to such a state of mind, by the total or comparative ruin caused them by being ejected from their land, that they did not care what became of them, and were ready to do anything; some of the persons convicted of these crimes and outrages were completely destitute, and one of them, who was executed in this town (Maryborough), [left his family (a wife and four children) in such distress, that, had not a subscription been raised for them by myself and others, they must literally have starved].' —*Mr Wray*

Limerick— 'In 1834, a farm belonging to Mr Dickson, at Shanagolden, was let to a new tenant, and soon after the house was set on fire, and all his goods and cattle were burned.' —*Mr Browne.*

By considering all that is written above, one begins to form a picture of the present state of Ireland. We have seen that multitudes of people exist in a horrible state of poverty, we have seen that the very few really wealthy landlords are subject to attacks on their person and their property, we have seen the law has little power; but secret societies, on the other hand, in the cause of protecting the poor, are free to execute acts of vengeance.

But what is the reason for all this? English journalists say the present state of Ireland is caused by the following:

1. The Papist/Roman Catholic religion, which in their view is an obstruction to every major societal advancement.
2. That the people of Ireland are forced to sustain the Church of England.
3. That the size of the population is too large.
4. That the major landowners reside outside the country.
5. The absence of any Poor Laws.†

My own opinion is different. –

† Poor Laws: see Notes pp.168-177. —Ed.

Az 1-re nézve:

Franciaország, Belgium, Lombardia s Németország katolikus részének állapotja a jelenben, Spanyol – és Olaszország a középkorban elég bizonyítványok, mennyire nem ellenkezik a katolikus vallás minden s főképpen minden indusztriális kifejlődéssel, s mennyire hibás azoknak állítása, kik egyes példákból közönséges ítéletet hozva, a vallásnak tulajdonítják azt, ami puszta eset által a katolicizmussal egy helyen egyesül, de mindig s mindenütt vele éppen öszve nem kötött, s tisztán politikus okokból származhatott. Nem volt-e egy vallása Spártának s Athénnek, s nem volt-e durva bajnokok lakhelye amaz, míg ez a művészet remekeit alkotá? nem voltak-e muhamedánusok a spanyol arabok, mint török szomszédaink, s nem bámuljuk-e az előmeneteleket, melyeket amazok a matematikában, asztronómiában s a tudományok majdnem minden ágában tettek, míg durvább hittársaik végetlen harcok s henyélés közt tölték éveiket; vagy kevesebbé pápista volt-e a keresztény Spanyolország II. Fülöp előtt, mint utána? – Nincs vallás, s ha volna, a katolikus bizonyára nem az, mely az emberi iparnak gátat szabna, s habár ügyes zsarnokok kezeiben eszközzé látjuk lealázva a legszentebbet, s habár Isten nevében gyakoroltatik az elnyomás: az emberé a bűn, nem a vallásé.

2 –

De hasonlóképpen csalatkoznak azok, kik Irland szegénységét a pápistákra vetett angol egyház fenntartásának tulajdonítják. – Mert elmellőzvén itt azt, hogy az angol disszenterek hasonlóképp adóznak, s hogy egy század előtt azok, kik nem az uralkodó valláshoz tartozának, feltartására majdnem mindenütt adóztak: vajon mi az irlandi katolikusokra vetett angol egyház fenntartása más, mint adó? – igazságtalan adó, de mégis az: s habár erkölcsileg más következeseket szülne, anyagilag nem szülhet másokat, mint hasonló nagyságú s bármi más célra fordított adó szülne. Már öszvehasonlítva Irland

As for point 1 –

The present state of the Catholic parts of France, Belgium, Lombardy and Germany, and the state of Spain and Italy in the Middle Ages, give proof enough that the Catholic religion is compatible with every kind of development, including industrial development. These examples prove how mistaken the commentators are who form general opinions on the basis of individual cases, and who have attributed certain societal conditions to Catholicism, only because of the place in which conditions arose, yet the conditions always have purely political causes unrelated to religion.

Did not the cities of Sparta and Athens have the same religion, yet while the former was the home of unthinking athletes, the latter created masterpieces of art? The Moors in Spain were Muslim, like our Turkish neighbours, and are they not admired for the progress they achieved in mathematics, astronomy, and in almost all the branches of science, while their coarser fellow-Muslims spent their years in an endless cycle of fighting and idleness; and was the Christian Spain less Catholic before Philip II than after? There isn't any religion that would impede human endeavours, and if there were such a religion, it would not be Catholicism; and although one can see that the ablest tyrant can transform the most sacred into a debased instrument, yet when this happens – even though the name of God is evoked in the practice of such oppression – the sin is that of man not of religion.

As for point 2 –

Those who attribute the poverty of Ireland to the law compelling Catholics to pay tithes to support the Anglican Church, are also mistaken. After all, English dissenters also are paying similar taxes; and a century ago, those who did not belong to the ruling religion had to pay taxes for its support almost everywhere. And what else can the tithes levied by the Anglican Church from Irish Catholics be but a tax. An unfair tax, but just a tax all the same; and while its morality can be questioned, financially it has the same consequences as any other tax of a similar rate but for another purpose.

When comparing the population of Ireland with the

népességét Nagy-Britannia népességével, s az előbbinek egyházi adóját azzal, mely az utóbbit terheli, látjuk: hogy míg Irland 8 592 000 lakosa 865 535 font sterlinget, s így minden személytől két shillinget fizet, ugyanakkor Nagy-Britannia 17 779 000 lakója 3 197 225 fttal, azaz: minden személytől mintegy három és fél shilling adóval terheltetik; vagy az adót a két ország kiterjedéséhez mérve: hogy Irland acre-enkint nem fizet egészen egy shilling egyházi adót, míg Nagy-Britannia majdnem kettőt, s hogy így ezen adó, bármily igazságtalan, Irland szegénységének oka annyival kevésbbé lehet, mennyivel virágzóbban látjuk Angliát, hol azon adó nagyobb; s ha Irlandban, mint annyival szegényebb országban, e fizetés a népnek terhesebb, mint a gazdag Angliában, ez bizonyára következése, de nem oka szegénységének.

Ami 3-szor

Irland szerfeletti népességét illeti, ha csakugyan ez volna oka szegénységének, bizonyosan először nagyobbnak kellene lenni e népességnek annál, mely Angliában jóléttel párosul; másodszor az következnék, hogy azon egyes grófságokban, melyekben a népesség aránylag nagyobb, – nagyobbnak kellene lenni a szegénységnek is, s pedig, egyforma feltételek alatt, annyival nagyobbnak, mennyivel nagyobb e népesség: márpedig összehasonlítva, először egyáltalán ami az egyes személyekre jutó acre-ok számát illeti, Irlandot Angliával, világos, hogy az utóbbi még valamivel népesebb, s azért, ha a felhozott ok állna, szegényebbnek kellene lennie. Öszvehasonlítva egyik sziget egyes grófságait a másiknak egyes grófságaival, ugyanez még világosabban kitűnik. A szántóvető Galway grófságban, mely Irland legszegényebbjei közé tartozik, éppen annyi acre jut az egyes személyre, mint Berks, Bucks, Devon, Essex, Monmouth, Norfolk, Hampshire és Suffolkban, egy fél acre-ral több, mint Bedford és Sussexben, s egy egésszel több, mint Kent és Wiltshirében, Anglia virágzó szántóvető grófságaiban. – Meath-ban, mely baromtenyésztő, minden személyre 3 acre jut, míg Hertfordban, mely hasonlóképp

population of England, and comparing the church tax of the two countries, one can see that while the estimated 8,592,000 inhabitants of Ireland pay £865,535 sterling, meaning that each person pays 2 shillings, the estimated 17,779,000 inhabitants of Great Britain pay £3,197,225, so each person pays three and a half shillings in tax.

Taking the size of the two countries into account, Ireland pays less than a shilling of church tax per acre, while England pays almost 2 shillings per acre, so while this tax may be unjust, it is not the source of poverty in Ireland. Obviously the payment of the tax is much harder on the people of Ireland, where people are much poorer than in wealthy England (and England remains prosperous while paying a higher rate), but the tax does not *cause* the poverty, the poverty just makes it more burdensome to pay.

As for point 3 –

Overpopulation cannot be the cause of Ireland's poverty, as can be seen by comparing it to England with regard to population and wealth. If the overpopulation argument were valid, in those countries where the population in relation to acreage is larger, the degree of poverty should be greater – poverty should increase alongside population density. But when contrasting Ireland and England in relation to the number of acres per person, it becomes evident that England is slightly more densely populated than Ireland, so according to the overpopulation argument, it should be poorer. When comparing the individual counties, the invalidity of the overpopulation argument becomes even more obvious. In the farming county of Galway, which is among the poorest in Ireland, the number of acres per person is exactly the same as in Berks (Berkshire), Bucks (Buckinghamshire), Devon, Essex, Hampshire, Monmouth, Norfolk, and Suffolk. Galway has half an acre more per person than Bedford and Sussex, and an acre more per person than Kent and Wiltshire, the prosperous farming counties of England. In Meath, known for its livestock, there are 3 acres for each person, while in Hertfordshire, also famous for its stockbreeding and one of

baromtenyésztő s Anglia legvirágzóbb grófságainak egyike, csak 2 acre jut egy-egy személyre. Ugyanezt, ti. mennyire nem függ Irland elszegényülése népességétől, világosan láthatjuk Irland egyes grófságait összehasonlítva: Kerry-Kildaréban 3½-et látunk jutni minden egyes személyre, míg Luth, noha sokkal virágzóbb, csak 1 és ½ adhat, s Waterfordban, melynél jobblétűt Irlandban alig találhatni, egy acre-val kevesebb jut az egyesre, mint az elszegényedett Galway és Meath grófságokban.[6]

Ami a 4-et illeti,

éppen nem szándékom a nemes irlandi lordoknak pártját fogni vagy egészen eltagadni azon rossz következéseket, melyeket a nagyobb birtokosoknak hosszas távolléte szerencsétlen honokra hoz.[7] De mivel én a következéseket inkább erkölcsieknek tartom, s mivel talán túlságos azoktól, kiknek keblében nem vala annyi hazaszeretet, hogy néki mulatságaikat áldoznák fel, nem annyi igazság, hogy azon hon iránt, mely őseiket porból emelte, magokat ezer áldással halmozá, életöket lekötelezve éreznék, nem annyi lélek, hogy a fényes, de idegen angol társaság körében zöld szigetök gyásszal borított határairól megemlékeznének, valamit reményleni: ...én őket csak mint birtokosabb consummenseket tekintvén, távollétöket Irlandra nézve oly fontosnak nem tartom.

Mert ne felejtsük, hogy Irland mezei gazdálkodó ország, s vajon ilyenben egyes nagyobb birtokosok jelen- vagy távolléte miként hathatna oly hatalmasan? A gyomor legalább el nem veszti még egyenlőségét, vagy ha nemes nevelés által fogékonysága nagyíttatott is, soha bizonyos határokon túl nem terjesztheti étvágyát, s azért mi a gazdaság által nyújtott élelmek, azaz a liszt és hús consumtióját illeti, nem emészthet többet a legrégibb

6. *Evils of the state of Ireland*, by John Revans.
7. Már 1295-ben I. Eduárd az ország rossz állapotját a nagybirtokosok távollétének tulajdonítja. II. Richárd taksát vet a távollévőkre, VIII. Henrik pedig jövedelmeiknek kétharmadát rendeli elkoboztatni az ország javára.

the most prosperous counties in England, there are only 2 acres for each person. Further proof that Irish poverty is not the result of its population can be seen when comparing individual counties one with another. In Kerry and Kildare, each person has an average of three and a half acres, but in the more prosperous Louth, each person has an average of one and a half acres; and Waterford, one of the most wealthy counties in Ireland, has one acre less per person than the impoverished counties of Galway and Meath.[6]

As for point 4 –

It is far from my intention to side with the landlords of Ireland or to deny those most unfortunate consequences brought about by the lengthy absence of major landowners from their destitute homeland.[7] Yet I consider this behaviour to be of moral more than of economic significance. From those who feel too little love of their country to sacrifice their amusements for it, for those who lack a sense of justice or even a sense of gratitude to the land that had elevated their ancestors from the dust and blessed them a thousand times, who have so little heart that, in the midst of England's glittering yet alien society, they forget their own green isle that is encased in grief – I myself, regarding them to be no more than well-propertied parasites – do not consider that their absence is important for the fate of Ireland.

Because we should not forget that Ireland is a country whose only business is agriculture, and in such a country, how could the presence or absence of certain major landowners have any significant influence? At least the stomach remains equal, however much embellished by a noble education, and there are limits to what any one person can consume. Regarding the consumption of food produced on the land, even the nobles of the longest ancestry cannot digest more than the lowest peasant, or at least, not much more. So if all the great Irish

6. John Revans, *Evils of the State of Ireland*, 1837.
7. Even in 1295, Edward I attributes the bad situation of the country to the absence of landowners. Richard II taxed the absentee, and Henry VIII ordered confiscation of two-thirds of their incomes for the benefit of the country.

nemesember, mint utolsó jobbágya, vagy legalább igen kevéssel többet; ha tehát valamennyi irlandi nagyobb birtokos elhagyná is hazáját, ebből a gazdaságra sokkal nagyobb kár bizonyosan nem háramolhatnék, mint ugyanannyi vagy legfellebb kétszer annyi nemtelen kivándorlásából; pedig nem hallám még, hogy valaki Irland szegénységét annak tulajdonítaná, hogy évenként többezer irlandi szegény az amerikai tavaknál telepedik le. Nagyobb birtokosok jelenléte gyár s mesterségeket gyakorló népeknek használhat; ha egy helyen az ország divatos társasága öszvegyűl, ezer kéz mozdul meg azonnal, hogy szokott kényelmeit szerezze vagy nevelje, s míg az elkényeztettnek kedvét tölti, magának élelmet s jólétet szerezzen; s ha a sorskedvelte csapat tovább megy, ezeren maradnak munka vagy kenyér nélkül. – Ha a francia zendülés előtt a párizsiak mint fő sérelmöket azt hozák elő, hogy az udvar Versailles-ba vonulva, a fővárosnak keresetét elvevé, nincs mit csudálnunk; de csalatkozik, ki azért azt hiszi, hogy az irlandi nagyurak honokban maradva, ott indusztriát teremtettek volna, vagy hogy az egyesek jelenléte által valaha támadhatna. – A luxus mindig csak a legtökéletesebbet kívánja, a divatost, sőt néha a külföldi t már áráért is; csak ha már a gyárak tökéletességre léptek, várhatnak vevőket azokban, kiknél olcsóság, sőt néha nagyobb tökéletesség mellékes érdekek, s kik csak a divattól kormányoztatnak, mely minden számoláson túl van.

Bizonyos, hogy az angol s őt követő irlandi arisztokrácia kertekre s egyáltaljában jószágok szebbítésére sok munkát felhasználna; de vajon, ha az ország földmívelő állapotja más volna, nem használtatik fel azon munka más, termékenyítőbb módokon? s nem legjobb megcáfolása ezen állításnak Svájc és Franciaország? az első a jólét legmagasabb fokára lépett anélkül, hogy valaha gazdag arisztokráciája lett volna: a másikban éppen a nagybirtokosok elszegényülésével kezdődik a gazdaság kifejlődése.

landowners were to leave their homeland, that would be no more damaging to an economy dependent on food production than the emigration of twice as many peasants. And I have not heard anybody complaining that the reason for Ireland's poverty is that, year after year, thousands of Irish poor have in fact emigrated, perhaps settling by some American lake.

The presence of major landowners can be significant for countries with many industries and craftworkers. Wherever the fashionable society gathers, a thousand hands start working immediately in order to provide or to enhance the comfort they are used to; and while pleasing the spoiled ones, they earn food and wealth for themselves; but when those lucky ones move away, thousands remain without bread or work.

For instance, before the French Revolution, the removal of the French Court to Versailles took away the incomes of the Parisians, and no one could be surprised that this was the principal grievance of those rioting. But it would be a mistake to think that the Irish landlords, by staying in their own country, would have established there any industry, or that such an industry could evolve by the presence of the landlords in Ireland.

Those who demand luxury desire what is perfect, fashionable, and sometimes – because it is more expensive – what is foreign. Only after factories have acquired a reputation for producing the best, can they expect customers to whom good value or even good quality are of minor interest, and who are only driven by fashion, which to them is beyond price.

Certainly, the English aristocracy, and the Irish aristocracy that imitates it, could create much work for the improvement of their gardens and their livestock; but if the state of agriculture of Ireland were different, could not that work be created for more productive uses? And aren't Switzerland and France the best examples for refuting the proposition that absentee landlords are the cause of Ireland being in the state it is in? Switzerland has reached the highest degree of prosperity without ever having a rich aristocracy. In France, the development of the economy began with the impoverishment of the landlords.

Már ami az 5-et illeti,

habár, amint eléb mondám, teljesen meg vagyok győződve arról, hogy indusztriális országokban, hol a népnek nagy része egy számtalan esettől függő módon keresi élelmét, szegényi törvények szükségesek, – egészen, vagy legalább nagyrészint szántó-vető országokban azokat inkább károsaknak, mint hasznosaknak gondolom.[8] Ha ily ország annyira népesedik, hogy a munkások konkurrenciája a bért szerfelett lenyomja, de jó törvények a vagyon- és személybátorságot biztosítják, ennek nem elszegényülés, hanem az következése, hogy azonnal gyárak támadnak, s velök a munkabér természetes állapotjára visszajön. Tőkepénzek nem éreznek honvágyat, oda fordulnak, hol kamatjok nagyobb, hogy nyereségök biztosabb, s ha Irlandot oly elszegényülve látjuk, bizonyosan leginkább az az oka, hogy a törvénykezés a kapitalistát nyereségeiben nem védelmezheti. Mert gondoljuk magunknak Irlandot természetes állapotjában – gondoljuk nyugodtan, s erős, azaz: igazságos törvények alatt, vajon mi gátolta volna az angol kapitalistát attól, hogy gyárait inkább ott építse, hol a munkabér alacsonyabb, az élelem s minden anyag olcsóbb, egyszóval, haszna nagyobb, mint Angliában? De Irlandban bátorság nem volt – bátorság nem lehetett.

– Ily szörnyű elnyomatás állapotja, mint melyet ott látunk, béke állapotja nem lehet; tudnia kelle az angol kormánynak s egyesnek, hogy van egy maximuma a zsarnokságnak is, egy pillanat, melyben az elnyomott emberi méltóság széttöri láncait, s szabadulása első pillanatjaiban nemes

---

8. Egészen mezei gazdasággal foglalatoskodó országokban a munkások sorsa biztosabb, már azért is, mert munkájok az élelemre szükséges anyagokkal közvetlen viszonyban áll. – Ha a kenyér ára felmegy, a földbirtokos nagyobb nyereséget realizál, a földmívelés nagyobb kiterjedésben s iparkodással folytattatik, s a mezei munkás, kinek munkája szükséges és ily pillanatokban becsesebb, nagyobb napszámra számolhat; míg a gyári munkás magát munkájától sokszor éppen azért látja megfosztva, mert az élelemnek ára felment, s a gyáros más ország gyáraival, hol az élelmek olcsóbbak, nem konkurrálhatván, produkcióját a benn emésztésre kénytelen szorítani.

As to point 5 –

I am fully convinced that in industrialized countries, where the majority of the population must feed itself from insecure wages, Poor Laws are necessary, but in completely or largely agricultural countries, the introduction of such legislation is more damaging than useful.[8]

If such a country gets so populated that the competition for work among the labour force causes a great reduction in wages, proper regulation still ensures that wealth and workers alike are protected. Instead of impoverishment, the situation will result in the immediate growth of factories with the consequence that wages will be normalized and workers will not be impoverished. Capital has no sense of homeland; it pursues higher interest rates and more secure profits. So if we see an impoverished Ireland, it is because capitalists do not feel they and their profits would have the protection of law there. If we could imagine Ireland in a natural state – under firm and just laws – there would be nothing then to prevent the English capitalists from putting up factories there, where the wages are lower, the food and all the materials are cheaper – in other words, where their profit would be greater than in England.

Yet there is no sense of safety in Ireland – there could not be any. The intensity of the oppression we see there makes peace impossible. The English government, and individuals there too, should know that there is a point at which tyranny is too much, and at that point the oppressed human dignity will burst through its chains; and in the first moments of its liberation, it is not going to be contemplating noble ideas, but

8.   In countries fully relying on agriculture the fate of workers should be more secure, because of the close relationship between their work and food production. – If the price of bread goes up, and the landowner could realize a larger profit, cultivation of the land expands more rapidly, and the field worker, whose work is necessary and is more valued at such times, can count on more day labour. On the other hand, the factory worker often finds himself deprived of work when food prices rise, as the factory owner, unable to compete with factories in other countries where food prices have remained stable, is forced to restrict production to what can be consumed locally.

indulatok helyett csak bosszút forral; tudnia kelle, hogy
vannak pillanatok, melyekben nemzetek, bár jól sejdítve
zendülésök következményeit, sőt néha politikus halálokat,
a szerencsétlenség fő fokára érve, hideg elszánással elvárják
azt is, miként az egyes kétségbeesve öngyilkossá válik;
tudnia kelle, hogy egy nép sokáig tűr, sokat elszenved, de
ha végre abban is sértetett, mit legszentebbnek tarta, ha
végre a zsarnok hitére is kiterjeszti hatalmát, később vagy
előbb feltámad oltárai mellett; a büszke angol nemzetnek
félnie kelle a zendüléstől: s e félelem maga elég vala minden
angol kapitalistát távol tartani.

S vajon szegényi törvények e félelmet megszüntették
volna? Mert habár Revans úr [9] a mostani állapotot tekintve
nem csalódik, midőn minden szegénységnek okát abban
keresi, hogy a nép alsóbb rendei egyféle élelemmódtól
függve, annak biztosítására törvénytelen eszközökhöz
nyúlnak, s ezáltal feldúlván minden bátorságot, mintegy ön
tetteik által a kapitalistát, ki sorsokon egyedül segíthetne,
honuktól elijesztik; – s habár igaz volna, hogy szegényi
törvények által, oly móddal s kiterjedéssel használva,
mint Angliában, e bizonytalan állapot és vele minden
csendháborítás megszűnnék, vajon oly ország, mely
2 600 000 szegény ellátásával terheltetik, s melyben e
szörnyű adó természet szerint csak a birtokost vagy gyárost
érheti, kecsegtetné-e az angol kapitalistát tőkéinek áttételére?
úgy hiszem, nem, s ha már választani kellene, úgy tartom,
nem találkoznék egy kapitalista, ki ha a mostani állapot
között, melyben birtoka naponként veszélyeztetik, s egy ily
kiterjedésben használt szegényi törvény között választhatna:
nem választaná inkább az előbbi bizonytalanságot e
jogszerűségnél.[10]

De feltévén, hogy ez csakugyan lehetséges, hogy

9. *Evils of the state of Ireland.*
10. A szegények számát csak 2 000 000-nak véve, ellátásukat
pedig naponként csak 3 pence-re, (mi valóban, felvéve leginkább
az építési költségek kamatját, felette kevés), az ily módon
szükségessé lett, a szegény-taxa képében kivetendő summa még
mindig 9 125 000 Ft évenkint, azaz kétszer nagyobb az angol
taxánál.

planning revenge. They should know that there comes a point in a nation's history when the suffering of people has become so great that, although they can foresee that an uprising will have dire consequences, they decide with cold determination to go ahead anyway, in the same way as an individual who commits suicide out of despair. They should know that a people can endure a great deal of suffering over a prolonged period, yet when that for which they have the highest regard is offended, when the tyrant expands its power to interference with their faith, sooner or later that people will rebel in its defence; and the proud English nation has reason to fear this uprising – and this fear is reason enough to keep all English capitalists away.

Would the existence of a Poor Law really make the capitalists feel less frightened? Regarding the current state of Ireland, Mr Revans,[9] searching for the causes of poverty, found that, because the lower ranks of people have only one means of existence, they frequently break the law in order to preserve that means of existence, and thereby destroy any general sense of security; in those circumstances, it should not come as a disappointment that by their own actions they frighten away from Ireland the capitalists – the people who could only help them in improving their quality of life.

And while it is true that, if a Poor Law similar to that in Britain were introduced, this instability and rowdiness might be halted, yet in a country burdened with 2,600,000 poor, as Ireland is, and where this costly tax, by its nature, can only apply to the landowner and to the factory owner, could such a country be alluring to the capitalists as a place to invest. I believe not, and if they had to make a choice, I believe that one would not be able to find a single capitalist who, given the choice between Ireland as it is at present (in which his estate is threatened on a daily basis), and an Ireland with Poor Acts (and the necessary huge increase in tax to finance them), would not prefer the previous insecurity to the rule of law at such a price.[10]

9. John Revans, *Evils of the State of Ireland* (London, 1837).
10. Taking the number of the poor only as 2,000,000 and their daily needs as 3 pence (a very small amount, if it is considered to include interest on building costs), the sum which thus becomes necessary to levy in the form of poor taxes is still £9,125,000 per year, which is twice the amount of the English poor tax.

az irlandi kapitalisták s birtokosok ez adó elviselésére nemcsak elégségesek leendenek, hanem hogy ezen ürügy alatt földjeik bérét felemelni nem fogják – miáltal a szegények száma természetesen még inkább nevekednék, s hogy így a munkás biztosítva, minden ember élelméről gondoskodva van; vajon ki fogja biztosítani a birtokost arról, hogy a nép munkás osztálya dolgozni fog? s hogy csak a munkát nem találóról kell gondoskodnia, – s nem az egész népességről, mely terhet nem akarna s nem tudna viselni. De az irlandi nép szorgalmatos – így szól talán valaki –, teli nemes indulatokkal, s így bizonyára csak az fog a köz-ellátáshoz folyamodni, kinek egyéb élelemmód nem juta. – Én embert természetesen szorgalmatost nem ösmerek, s habár a méh vagy hangya ösztön által szorgalmatosak, azt tartom, hogy az ember, mint nemesebb állat, csak okok által bírathatik arra, mit tennie kellemetlen; ha ezek, azaz *szükség* s *remény*, megszűnnek, veszteglini fog; s nem hiszem, hogy volna sok – mert egyes balgatag lehet –, ki, ha bizonyos arról, hogy élelméről gondoskodva van, s hogy puszta élelemnél többre szert nem tehet, még dolgoznék, s hogy az irlandi napszámos, tudva, hogy élelme szegényi törvény által biztosítva van, azt nem fogadná el inkább egykedvűen, mint hogy azt izzadva keresse, puszta élelménél többet úgysem remélhetvén. – Mert mondjunk akármit, elnyomás anyagi szenvedésekkel egyesülve ellentállást szül, s néha nemes indulatokat gerjeszt, vagy legalább nagyszerű tetteket: de elnyomás és anyagi jólét lealázza idővel az emberi természetet, s a jóllakott szolga csak egy gyönyört ismer – *a restségét.*

A napszámos kínszeríttethetik a munkára, így szólnak ismét, s mihelyt ez történt, az ellenvetés megszűnt. De elmellőzvén itt azt, hogy kit munkára puszta eltartásért kínszeríteni lehet, rabszolga, akár egynek, akár többnek tartozzék munkájával, s hogy a protestáns népességnek, mely a pápisták megfosztására elég erős vala, hatalma mégis nehezen lehetne oly nagy, hogy a nemzet birtoka után még személyeit is egyenként tulajdonává tehetné:

But supposing it were possible that there were enough capitalists and landowners in Ireland to pay these taxes, who would also refrain from raising the rents to finance the payment of them (a move which would inevitably lead to an increase in the number of the poor), so that workers are provided for and everyone has enough to eat, who could assure the landowners that the working class of the people would really work, and that they should have to provide only for those who could not find work, and not for all the people? They would be unwilling to provide for everyone and could not afford it.

Someone would respond, 'But the people of Ireland are diligent and full of noble sentiments, and only those would turn to public provision who would have no other access to food.'

Personally, I do not know a single human who is diligent by nature; while the bee or the ant is diligent by instinct, man, as a nobler animal, can only be persuaded to do something inconvenient through reasoning. If such reasons as *need* and *hope* cease to exist, the man chooses leisure. And I believe that there are not many – although there will always be one or two stupid ones – who, in the circumstances that food is assured, and it is impossible for him to get anything more than food, would continue working. And I also believe that the Irish day-labourer, when learning that his daily food will be provided through the Poor Law, would rather accept it stoically, instead of striving for the same ration, sweating all day, without the hope of gaining anything more than that.

No matter what we say, oppression together with material suffering would result in resistance, and sometimes engender noble sentiments, or at least glorious deeds. But oppression together with material well-being would in time degrade human nature, and the well-fed servant knows only one pleasure – *idleness*.

The day-labourer can be made to work by force, and when that happens, there is no more resistance. But those who can be coerced to work for mere sustenance are no more than slaves, and even though the Protestant population had enough power to deprive the Catholics of their property, yet its power could not be so vast that it can own now not only the lands of the nation,

kérdem, vajon az irlandi nép gazdagabbá válnék-e ezáltal?
Vegyük a dolgot praktice. Arra, hogy ily kínszerítés
létezhessék, szükséges: vagy hogy az ország maga
közmunkára használjon minden munkást, vagy hogy ezen
jogát, melyet minden ellátott személy munkájára bír, ezen
ellátás kötelességével egyeseknek engedje által.

Már ami az elsőt illeti, utak, vízcsatornák s más ehhez
hasonló munkák végtelenek nem lévén, s nem az ország
minden részeiben egyformán s a munkátlan személyekkel
aránylag találtatván, szükség oly munkáról gondoskodni, mely
mindig s mindenütt található, s egyszersmind olyan, mely az
egyesek iparkodásit konkurrencia által nem rontaná; mert
ellenkező esetben a szegények száma még inkább nevekednék
mindazok által, kiknek keresménye e konkurrencia által
elrontatott. De hol van e neme a munkának? Hamburg
városa szegényeit harisnyakötéssel foglalatoskodtatja, s
munkájuk produktumát külföldön adatja el; de egy ily számú
munkástömeg, mint az, mely Irlandban találtatik, mi hasznos
munkára fordíttathatnék anélkül, hogy más munkával
konkurrenciába lépne? – Nem maradna tehát más hátra,
mint oly munkát keresni, mely fáradságos időtöltésnél nem
volna egyéb, s például abban állna, hogy a szegények – mint
Anglia némely egyházaiban már próbáltatott –, fövényzsákok
s murvataligák minden cél nélküli ide- s tovahordására, vagy
ugyanazon darab föld szüntelen ásására használtatnának. De
nem szólván azon erkölcsi rossz befolyásról s elkeseredésről,
melyet a bánásmódnak szükségképp szülnie kellene; vajon
ha ezen munka egy napszámos közönséges munkájánál
könnyebb, s az adott élelem s ellátás a közönségesnél
nem rosszabb: nem fog-e az ország a munka iránt káros
konkurrenciába lépni az egyessel? s ha amaz nehezebb, ez
rosszabb, nem fogja-e akkor a szegényt arra kínszeríteni,
hogy az egyesek szolgalatjába lépjen, a szerencsétlenre,
ki munkát nem találhatott, nehéz büntetést rendelvén; s
nem fog-e mindenesetre oly nehéz terhet vetni az ország
polgárira, mely őket kapitálisoktól lassanként megfosztván,
minden ipart elöl?

Kíntelen lészen tehát az ország egyesekre bízni

but also its inhabitants, individually. Would the people of Ireland become wealthier this way? Would the Irish people be better off in these circumstances? Let us consider the practicalities. For such coercion to work, it is necessary either that the country uses all its workers for public works, or that it transfers the right it has for the work of each supported person to other individuals, together with the obligation to support that person.

As regards the first possibility: the building of roads, canals, and other such works is necessarily limited, and is not evenly distributed in all parts of the country, and in accordance with the proportion of the unemployed; yet it is necessary to provide work for all in every location, of such a nature that it would not compete with individual entrepreneurs; otherwise the numbers in poverty would be increased by the addition of those whose earnings were destroyed by the competition. But where can such work be found? The city of Hamburg employs its poor citizens in knitting stockings and sells the products of their work abroad; but what kind of useful work can be found for such a mass of labourers as exists in Ireland without putting them into competition with those already employed? The only option would be to find work which is nothing more than an arduous pastime, such as carrying bags of sand and pushing wheelbarrows of gravel from here to there, or to keep digging the same plot of land over and over – a system already tried in some English parishes.

But quite apart from the demoralisation and despair that would necessarily result from such treatment: if such work is easier than the ordinary daily work of a day-labourer, and if the food and provisions are not worse than the ordinary, would the result not be that the State would be entering into harmful competition in employment with the individual entrepreneur? And if that consequence is undesirable, would not this one be worse? Would it not compel the poor to become the forced labourers of individual entrepreneurs – a hard penalty on those unfortunate ones who had been unable to find employment. And would this not in turn bring such hardship to the rate payers that it would gradually deprive them of their capital, and eventually kill all industry?

szegényeinek ellátását, s hogy ezen teher tűrhetővé váljék, módokat adni kezeikbe, melyek által az általok ellátott s munkálni nem akaró szegényt munkára kínszeríthessék; vagy más szavakkal: kíntelen lesz birtoktalan népességét a birtokosok közt szolgákként felosztani, egész vagy legalább majdnem egész munkájokat adva eltartásukért: mi mihelyt történt, az egész birtoktalan népesség reményeit egyszerre elrontaná, mivel a kínszerített munka nemcsak lealázóvá, hanem konkurrencia által becstelenné is tesz minden szabad munkást; mert ki volna, ki szabad munkást, habár iparjától kétszer annyit várhatna, még használni akarna, midőn olcsóbb áron két kínszerített munkást tarthat. –

Bővebben szóltam e tárgyról, mert a felhozott szegénységokok között nincs, mely Angliában annyiak által valónak gondoltatnék, mint ez; de van még egy, mely nem kevesebb népszerűséggel bír, s ez az irlandi népnek természetes henyesége s alávalósága. – Ha az angol nép, százados szabadságának áldásait érezve, körülfogva minden fénytől, melyet hatalom és művészet egy honra boríthat, élvezve mindent, mit kifejlett műipar szerez, megvetéssel tekint a testvér szigetre, mely betű szerint hasonló törvényektől kormányozva, csak ínségre s az elaljasulás legmélyebb fokára jutott, nincs mit csudálkoznunk. Ha majdnem naponként felverve nyugalmából, ünnepei közt mindig az irlandi koldus népesség áll elébe, mint a meggyilkolt király szelleme Macbeth ebédjénél, nem engedve neki nyugalmat, elrontva élvezetét, szomorú rimánkodásival elűzve minden örömet, fenyegetéseivel feldúlva biztosságát, – ha, mondom, az angol nemzet végre elvesztve türelmét, így szól: mit tehetek én e nép szenvedéseiről? ön-tunyasága, ön-alávalósága okozzák bajait, s én nem segíthetek rajtok; természetes ez is. Nincs zsarnok, ki nem érezné hatalmának igaztalanságát, s az emberi jogoknak nem hódolna legalább azáltal, hogy elnyomottját elfajultnak s a szabadságra érdemetlennek hirdeti. De ne hagyjuk magunkat elámítani e beszédek által, melyeket istentelen népgyűlölés mindig szájában hord, s melyeknek értelmök nincs. – Isten egyenlőknek alkotá az

Because when the country entrusts the caring of the poor to private entrepreneurs, in order to make that burden bearable, it would give them the entitlement to force the poor to work, and the poor would have no choice, because they were in receipt of welfare. Or in other words, the country would be compelled to distribute its landless population as servants among the landowners, working for nothing but the public food. When this happens, it would destroy at once the hopes of all those who are without property, as forced work is not only humiliating, but demoralizing for those eager to compete for employment in the market. Who would want to employ a free worker, even though his diligence would produce twice as much, when one can employ two forced workers for the same wage.

I have discussed this topic at some length because, among the reasons for poverty I have listed, there is no other that is considered by so many in England to be as valid as this one. However, there is another one that is just as popular, and that is that the people of Ireland are innately idle and despicable.

If the English people – who have enjoyed the blessings of centuries of freedom, who are surrounded by all the glory of power and art that a nation can enjoy, who can revel in the advantages of industrialization – if they regard with contempt their sister island which, although under the same governance, was reduced to a state of need and to the lowest depth of wretchedness, that should be no surprise. They are disturbed in their tranquillity almost on a daily basis – as the ghost of the murdered Thane disturbed Macbeth at the feast, not letting him have any peace, spoiling his pleasures, and upsetting him with threats. If, as I have said, the English nation loses its patience and says: 'How am I responsible for the sufferings of this people? It is their own idleness, their own badness that are the causes of their troubles – I cannot help them' – that is to be expected as well.

No tyrant admits that his power is unjust, and every tyrant tries to justify his inhumanity by asserting that those he oppresses are degenerate and unfit for freedom.

embereket, s habár míveltség, a jólét s kifejlődés magasb
vagy alantabb fokára emeltek is egyes nemzeteket, habár
törvények s a különböző vallások ellentállhatatlan hatalma
külön erényeket adának különböző népeknek: nincs köztök
egy, melyet a végzet oly magasra állított volna, hogy nem
süllyedhetne; nincs egy, melynek nem lehetne emelkedni.
– S vajon az irlandi nép valóban oly mélyen állna, amint
azt némelyek festeni akarnák? – Vajon azon egyes – s
bizonyára irtózatos – kriminális esetekből lehet-e a nép
végromlottságát következtetni igazságtalanság nélkül? én
úgy tartom, nem. – A vétkeknek iszonyatosságai inkább
a nép míveltségének, mint romlottságának szolgálhatnak
mérlegeül; atya- s gyermekgyilkolás magában véve oly
tettek, melyeknél iszonyatosabbakat nem ösmerek, s mégis
vajon ki mondá még, hogy azon vad népességek, melyeknél
az első, vagy a spártaiak, kiknél a másik szokás létezett, az
erkölcstelenség legnagyobb fokára értek? vagy hogy a francia
zsebelő, ki gonosztetteit indusztriaként űzi, s ki a büntető
törvényeknek minden kedvezéseit ismerve, rendszabályaihoz
méri cselekvését, belsőképp nem alábbvaló a gyilkoló
fanatikusnál? Az irlandi nép minden bűnei mellett inkább
szánakozást, mint megvetést érdemel, s bizonyára legkevésbé
azon gyűlölést, mellyel angoloktól közönségesen említtetik.
Három van, miből az erkölcsiség fokát, melyen népek
állnak, leginkább megítélhetni: *családi élete, nemzetiségének
feltartása s a vallásosság.* Azon nemzetnél, hol az egyes házi
körében családi kötelességeit önfeláldozásával híven teljesíti,
hol nemzetiségének feltartásáért áldozni tud, hol vallásának
szent parancsait minden csáb s üldözés ellenére híven
megtartotta, végromlottságról szólani nem lehet, s nem
az irlandi szegénynél, ki véres verítékével szerzett darab
kenyerét híven megosztja övéivel, s hol a gyermeki ájtatosság
annyira közönséges, hogy kora házasságoknak egyik fő
okául szolgál, mert mindenki tudja, hogy csak gyermekek
kellenek, hogy agg napjaiban sorsáról gondoskodva legyen;
nem az irlandinál, ki hat századon túl küszködve fenntartá
nemzetiségét, kit három századnyi hallatlan üldözés vallása
mártírjává tehetett, de ki, bár oltáraitól vérpadra hurcoltatott,

We must not be fooled by those words which make no sense and are even blasphemous. God made men equal, and while circumstances lift different nations to varying levels of culture, wealth, and general prosperity, and while the power of different religions and different laws created different virtues in different nations, there isn't any one of them that has been lifted so high that it cannot fall, and there is not one of them that cannot rise.

And is it true that the Irish people have fallen as low as some say? Can one induce from an individual criminal case, however abhorrent, that a nation has grown utterly debased, without being unjust? I believe not. The horrific nature of a crime is more an indicator of a low level of education of a people, rather than of its debasement. I know of no more horrible deeds than patricide and infanticide, yet who would say that the barbarians who practiced the first, or the Spartans who practiced the second, were at the summit of immorality, or that the French pickpocket who steals as a profession, and who, knowing all the legal loopholes, matches his behaviour to those regulations, is not more inherently despicable than the fanatical murderer?

Whatever their faults, the Irish deserve pity, rather than the contempt and hatred commonly expressed by the English. There are three fundamental characteristics in all nations, upon which the level of morality can be determined: *its family life, its sense of nationhood, and the depth of its religious feeling.* In those nations in which the individual faithfully and devotedly cares for his family, where he makes sacrifices for his country, and where he keeps the commandments of his own religion in the face of great persecution and great temptation, one cannot call such a nation debased. Nor can one say it of Ireland's poor, who share their hard-earned bread with their fellows. The feeling of filial piety is so strong that it is one of the causes of early marriages, because it is taken for granted that, when one has children, one will be taken care of in old age. No, it cannot be said that the people of Ireland are debased, who kept their nationality for more than six centuries of oppression, who could become the martyrs of their religion because of three centuries of preposterous persecution, and who even when

eldődeinek szent hitét el nem hagyá. Ki a zsarnokságnak ellentáll, annak keblében megmaradt az erény csírája mindig, s ha az elnyomó egy népet a szabadságra alkalmatlannak hirdet, majdnem mindig bizonyosak lehetünk, hogy azt azért tevé, mert a nép ellentállása által megmutatá, hogy megérdemli.

BANTRY HOUSE, COUNTY CORK, 1831

LISMORE CASTLE, COUNTY WATERFORD, c.1841

Landlords' Dwellings

dragged from before the altar to the scaffold, have never given up the holy faith of their ancestors. Those who resist tyranny will always keep the light of decency alive in themselves; and if an oppressor proclaims a nation to be unfit for freedom, we can be assured that he has done so because, by their resistance, those people have proved themselves deserving of freedom.

HOWTH, CO. DUBLIN, 1819   CONNEMARA, CO. GALWAY, 1830S

AGHADOE, CO.CORK, 1840S   DOONBEG, CO.CLARE, 1849   NR. KILRUSH, CO.CLARE, 1849

KEILLINES, CO. GALWAY, 1849   *NEAR* CLIFDEN, CO. GALWAY, 1850S

Tenants' Dwellings

II

Mi oka hát Irland szerencsétlen állapotjának? ez azon kérdés, melyet mindenki, kit országos tudományok érdekelnek, joggal feltehet magának. – Nézzük e nép történetét, s úgy hiszem, megleend felelve reá.

* * *

Vannak nemzetek, melyekre nagyobb súllyal nehezkedik a sors keze; nemzetek, melyeknek történetét vérrel írta az idő, melyeknek dicsősége nem fényes tettekben, hanem abban fekszik, hogy férfiasan szenvedtek, s nem hajolva s megtörve nem, mint a tenger sziklája, erősen állanak századok vészei között, nem teremve virágokat, nem nevelve egy zöld bokrot, de sötét homlokukkal kiemelkedve a hatalmas ár felett, setétebb, de magasabb hullámzó ellenénél. – Nagyobb cselekvésre akarja-e ily szenvedések által előkészíteni az egyes nemzetet a sors, vagy talán csak elődeinek vétkeiért büntetve, másoknak például tűri kínjait? ki ismeri a végzet rejtélyes útjait; – elég, hogy vannak ily nemzetek, s hogy közöttök nincs egy, melynek történeteire visszatekintve, a gondolkozó több szenvedést, több nem érdemlett elnyomást találna, mint az irlandinál.

Felosztva öt egymással háborgó király között, míg szabad, később egy hosszú kétségbeesés harcát vívá a berohanó dánok ellen; száz sebből vérezve már akkor látjuk e hazát II. Henrik alatt, 1169-ben, az angolok által meghódíttatni. – De nem ezen kétszeres hódítás, nem a vérengző feudális viszongások, melyekben az ország nagy bárói, mint a Burke-ök és Fitzgeraldok például, majdnem négy századon át dúlták fel honokat, teszik fő szerencsétlenségét ez országnak. Európában nemzet alig van, melynek története egy elfoglalással nem kezdődnék, s melynek évkönyvei vérengző csatákkal az egész középkoron át telvék nem volnának. – Ami itt történt, az történt máshol is; sőt, ha azon időre visszatekintünk, melyben a nagy népözön, mely a középkort s vele mostani országainkat megkezdé, s ellentállhatatlan árjával a dicső

II

What then is the cause of Ireland's dire situation? That is a reasonable question to ask for anyone interested in the study of nations. By looking at Ireland's history, we are bound to find the answer.

*   *   *

On some nations the heavy hand of fate weighs even heavier than on others: these are nations whose history is written in blood by time, whose glory doesn't lie in heroic deeds but in heroic suffering without ever bending or breaking, but like a sea-side cliff they stand among the turmoil of centuries; they grow no flowers, not even a single green shrub, but raising their dark brows they tower over the onslaught of enormous tidal waves.

Is this the way fate prepares some nations for greater acts in the future? Or is it punishing them with these tortures for the sins of their forebears, for the edification of other nations? No one knows the mysteries of destiny. Let it suffice to say that indeed such nations exist, but even among them, there isn't one that has suffered more than Ireland.

Divided among five feuding kings even while it was still free, Ireland later fought a desperate war against the invading Danes; we see this country already bleeding from a hundred wounds when Henry II of England conquered it in 1169. But it was not this double conquest, nor four centuries of bloody feudal skirmishes among baron families such as the Burkes and the Fitzgeralds that pushed the country into calamitous circumstances. There is hardly a country in Europe whose origin cannot be traced back to an invasion and whose annals are not filled with blood-letting battles all through the Middle Ages.

What happened here happened elsewhere in Europe – and not only there, but everywhere; think of the great migrations that swept away the glorious Roman world and initiated the Dark Ages, establishing the present nation states. Every nation has suffered and recuperated; but just as

római világot szétrontva, dúlásra s megfosztásokra alapult alkotmányainkat szerzé, mindenütt. – Szenvedett minden nemzet s vérezett s meggyógyult; mert miként az egyesnek erőt ada a természet, mely elgyengült idomait helyre pótolja, romlott nedveit kitisztítja, úgy erőt ada a társaságoknak is, mely által, bármily szenvedések után, bármiként fenyegetve végromlással, mindig egész erejökben visszaállnak; mint a fa, melynek sudarát a fejsze levágta, csak erősebb ágakat hajt, csak dúsabban virul ismét.

Mért nem gyógyulhattak hát be az elfoglalás sebei Irlandban is? vagy inkább azon elnyomás, mely a sebeket gyógyulni nem hagyá, mért nem szűnt meg itt, mint más országokban? s hogy ezt értsük, kettőre szükséges figyelnünk. Először arra, hogy az irlandi nép soha a rómaiak által elfoglalva s így a szolgaságra előkészülve nem lévén, szilárdabban védé szabadságát; másodszor, hogy az elfoglaló angol közelebb marada hazájához, mint hogy nemzetiségéről lemondani, vagy azt az elfoglalt népnek nemzetiségével asszimilálni akarná. – S innen van, hogy míg például a frankok Galliában egy meghódított s idegen uralkodáshoz századok által szokott nemzetet találva s csak mintegy a rómaiak helyét foglalva el, szilárd ellenszegülést nem találtak, míg a normannok honoktól oly távol szakadva, hogy segédre nem számolhatának, magokat Normandiában a meghódított néppel asszimilálták: Irlandban sem a meghódított szabadságáról, sem a hódító nemzetiségéről lemondani nem akart. – Az elsőt mutatják az irlandi nép szüntelen harcai, melyek miatt az angolok egész VIII. Henrikig hatalmokat a szigetnek egy kis részén, mely Pale-nak neveztetett, tovább nem terjesztheték, s csak I. Jakab alatt 1603-ban hozhaták tökéletességre; a másikat az: hogy az angol törvények szorgosan elhárítának mindent, miáltal az elfoglaló s elfoglalt közelebb érintésbe jöhetne, vagy végre öszveolvadhatna; sőt miután az egy század elforgása után megtörtént, hogy új törvények hozattak e békés állapot megszüntetésére, III. Eduárd alatt a híres kilkennyi statútum által hazaárulás büntetésével fenyegettetett minden angol, ki irlandival házasságra vagy bármi társaságba lépni vagy az

nature endows the body with the power of self-regeneration, in the same way it empowers nations to get back on their feet, no matter how great the devastation and degradation they had to suffer – just as when a tree has some or all of its branches cut off by the axe, and then sends out new shoots and eventually a more luxuriant foliage than it had before.

Why is it then that the wounds of subjugation to foreign rule have not healed in Ireland? Or, should we ask, why the subjugation that caused the wounds in the first place has not ceased or let up in Ireland as it has in other countries?

In order to understand the problem we have to focus on two issues.

First, the Roman Empire had never extended to Ireland, and the Irish people, never having experienced slavery, fought all the harder to retain their freedom; second, the English conquerors did not settle down and assimilate with the conquered people but held on to their own country close by.

By contrast, the invading Franks in Gaul found a people accustomed to foreign domination who offered very little resistance to the change from Roman to Frankish rule. The Norman invaders, being far from home and without a base to rely on for help, had no other choice but assimilate with the subjugated nation.

In Ireland, however, the conquered refused to give up their freedom, just as the conquerors held on to their nationality. This is demonstrated by the constant battles that the Irish put up against the English who, until the reign of Henry VIII, could not advance further than a small portion of the island which they called 'the Pale'. It was only under James I that the conquest was complete.

A second factor was the English laws that prevented any interaction, any possibility of assimilation, between the conqueror and the conquered and instead brought about the opposite. A century after the conquest, when peace was almost in sight, new laws were promulgated to thwart reconciliation; under Edward III the infamous Statutes of Kilkenny threatened capital punishment for treason for any English person who married an Irish national or tried to live

irlandi törvények szerint élni merészelne,[11] – az: ki az irlandi öltözet felvevé, vagy e nemzet szokása szerint bajuszt növesztve, vagy irlandi nevet veve fel, vagy a nép nyelvével élt, bezárással vagy jószágvesztéssel. Nehéz büntetések alatt tiltatott azonfelül akármily hivatalnak irlandira való bízása.

Természetelleniek valának e törvények, s alig érthetnők az angol kormány politikáját, melyet ez időben követett, ha nem tekintenénk az időkre, s nem tudnók, hogy a középkorban, hol a hívségről annyi szó vala, az erény valósága alig találtatott; s hogy eszerint az angol királyoknak mindenekfelett azon kelle iparkodni, hogy a hatalmas irlandi bárók a néppel ne egyesüljenek, s így soha ne váljanak oly hatalmasokká, hogy az anyaország szupremáciáját el ne ösmerjék. – De bármi nagy hatása légyen is ily törvényeknek, melyek szenvedélyekhez szólva, csak ritkán rontathatnak el az ész okai által, s bár közönségesen a törvényhozó nem talál hívebb követőket, mintha népek vagy egész néposztályok között különbségeket állítva, a nemzetiség színe alatt egyszersmind nagy néptömegekkel osztatja az arisztokrácia azon örömét, mellyel minden egyes ezerekre lenézhet: van valami, minek hatása még nagyobb, valami, mi előítéleteinknél még erősebb: *természetünk*; s habár az Irlandban lakó angol s hona között száz gátokat emelt a törvény, a közhon száz köteléket szöve az ellenkezők között, s kik mint külön nemzetek távol álltak egymástól, mint szomszédok, barátok s végre a szív s vér kötelékeivel összefonva, napról napra inkább közeledének egymáshoz. – Ezt pártolá a közvallás, mely az embereket Isten előtt egyenlőnek, egyenlő kötelességek teljesítése szerint egyenlő jutalmakra vagy büntetésekre számolhatóknak hirdetve, közszeretet s egyesülés parancsait oktatja; ezt maga az emberi nemnek azon tulajdona, mely szerint, ha egy alkotmányban az egyenlőség kizáratott, mindenki egész erejével csak emelkedni iparkodik, s mi szerint maga az, kinek a kiváltsági törvények kedveznek, készebb lemondani e kedvezésekről, minthogy a társasági hierarchiában maga felett másokat lásson, s miszerint, mint itt Irlandban, a

11. IV. Eduárd alatt a Desmondi gróf kivégzésénél, a halálos ítélet okául vagy legalább ürügyéül az vitatott, hogy nője irlandi vala.

according to Irish laws.[11] Anyone adopting Irish customs, attire, name, or growing a moustache in the Irish fashion, or speaking the language was subject to incarceration and confiscation of livestock. In addition, appointing an Irishman to any office entailed heavy punishment.

These laws seem against nature. Indeed, it would be hard to understand the politics followed by the English government in the Middle Ages when there was so much talk of faith and yet so little of true virtue could be found. Clearly, the English kings pursued a policy of keeping the powerful local barons from ever making allies with the people – a development which would have allowed them to gain enough power to turn against the ruling nation and to stop recognizing its supremacy.

Appealing to emotions, these laws were never open to rational discourse, even though they had enormous consequences. Lawgivers find it easy to gain loyal supporters among social strata on whom they can bestow the aristocratic privilege of looking down on the multitudes below them.

Nevertheless there is something even more potent than our prejudices: *our human nature*. In spite of the laws raising divisive barriers between the English living in Ireland and the local inhabitants, the shared home wove a thousand ties around the adversaries; and these people who stood far apart by their nationality began to come closer as neighbours and friends, sometimes even drawn by the promptings of the heart, and finally by blood.

This slow bridge-building was in consonance with the shared religion that saw all men as equal before God, all assuming equal responsibilities and receiving equal rewards or punishment under the principle of divine love for all.

Also, they lived under a constitution that did not guarantee equality to its citizens. Consequently the same human nature that drives everyone to rise as high as possible in the world could also prompt an Englishman in Ireland – to whom the law gave advantages by virtue of his nationality – to abandon the privileges he enjoyed over others below him, rather than

11. Under Edward IV, the Earl of Desmond was executed for (or under the pretext of) having an Irish wife.

pártolt angoloknak azon része, melyet szegénysége vagy a feudalizmus hierarchiája a pártoltak között csak második vagy harmadik osztályra állíta, inkább az elnyomottal egyesül, minthogy honfitársainak felsőbbségét elösmerje.

Mindezen okoknak összes munkálata napról napra több egyezséget hoza Irlandba, s habár még a közfrigy nem létesült, ha új történetek nem jönnek, talán közel álla a pillanat, melyben az létesülendő vala. Egy nagy történet megállítá e viszonyok természetes kifejlődését. A reformáció, mely a XVI. század kezdetében elterjedve fél Európát mozgalomba hozá, Angliában uralkodóvá vált, s vele egy új erősebb gát emelkedett közte s Irland között. Mihelyt Anglia protestánssá lett, Irlandnak megtérítése reá nézve szükség vala. – Kitéve külső megtámadásoknak, melyek, mint azt a régi s újabb történetekből egyenlően látjuk, mindig Irlandban keresték egyik főtámaszokat, maga is egy nagy s vérengzőn, de még alig elnyomott katolikus pártot zárva magába, Anglia (hacsak vallását veszélyeztetni nem akará) nem tűrheté, hogy hozzá ily közel, ugyanazon kormány alatt, az irlandiak pápisták maradjanak. – Innen azon buzgóság, mellyel Anglia Irland megtérítését századokig próbálta. Hogy Irland hatalmasabb ellenének vallását elfogadni nem akarta, s minden nemzetek között a legdicsőbb mártírságot tűré hitéért, az ismét állásából következik. – Ha két nemzet egymás közti ellenségeskedésben vagy versenyben él, a kisebbik nem őrizkedik semmitől úgy, mint attól, mi egy kötelék lehetne köztök; mert mintegy természetesen érzi, hogy független nemzetiségét harcolva feltartani nehéz, de békésen és sok öszveköttetési ponttal lehetetlen. S ha nem tekintünk is arra, hogy a reformáció Angliában a leghallatlanabb zsarnokság által terjesztetett, s hogy minden nemes érzemény, minden szív, mely szabadságáért dobogott, ellene fordult: maga ez ok elég vala, az irlandiakat e vallás elfogadásától visszaijessze.

A reformációval az irlandi történetekben egy új időszak kezdődik. A nemzetiség helyébe a vallás különbsége lép, s hol elébb csak a nem angol rész nyomattatott, ott az elnyomás most ez ország minden lakosaira, kik hitöket változtatni

tolerate having classes above him; if his status in society or wealth put him somewhere in the middle of the feudal hierarchy, he might come to embrace the oppressed native masses rather than accept the superiority of his original compatriots.

All these factors worked together towards promoting reconciliation in Ireland; and although the marriage of the two nations had not been consummated, it was a distinct possibility unless some other new laws or developments interfered. But then something of great import came to pass that put a stop to this natural process.

Starting in the first part of the 16th century the Reformation caused turmoil over half of Europe and conquered all of England, a development that erected a new barrier between that country and Ireland. As soon as England turned Protestant it saw the conversion of Ireland as an immediate necessity.

In the course of history, outside invaders of England had always tried to rely on Ireland as a natural ally and as a base for attack; and with that in mind, England, with a small but persistent internal Catholic element, could not afford to let the Irish remain Papist – Ireland being so close to English shores and under the same government. That was what motivated England over centuries to put so much effort into the conversion of Ireland.

The reason why Ireland refused to accept the religion of an oppressive greater power, and why it was willing to accept martyrdom for its own faith, can be traced to its situation. Because if two nations live in hostility and constant rivalry, the smaller will strive as hard as possible to prevent any ties from developing between them; it instinctively realizes that although the struggle to maintain national independence is very hard under any circumstances, it is nigh impossible under peaceful conditions. In addition, Reformation in England was accomplished by the most brutal tyranny, and against the wishes of every noble sentiment, every heart that throbbed for freedom. That alone was enough to stop the Irish from accepting the new religion.

The Reformation was the start of a new era in Irish history. Religion replaced nationality as the main dividing factor. Where

nem akarják, terjesztetik ki, annyival kíméletlenebbül, mennyivel szentebb ürügy alatt gyakoroltatik. – Fussunk át e történeteken, s ha bámulva látjuk, mennyire süllyedhet egy nemzet, mely szenvedélyeitől elragadva, társának törvénytelen elnyomásán iparkodik, vigasztalódjunk a gondolatban, hogy ennyi kegyetlenség haszontalan vala, s hogy a gyenge az erősnek ellentállt, nem mert győzni, de mert tűrni tudott, s mert nemzet oly gyenge nincs, mely a leghatalmasabbnak nem állhatna ellent, ha polgárainak szívét egy érzemény lelkesíti.

Tíz esztendei harc után, melyekre Erzsébet 1 040 000 ft sterlingnél többet költött, majdnem egész Irland elfoglaltatván, miután az elfoglalás alatt s után – mint Gordon mondja – a népességnek nagy része pestis vagy éhség által elveszett, s a protestáns hitvallás mindemellett csak keveset terjede, az angol kormány átlátá, hogy durva erő magában nem elég. Csak ha az új vallás magvaként az országban angol telepek állíttatnak, csak ha konfiskációk által a nemzet nagyobb birtokosai megfosztatnak, s helyökbe angol protestáns arisztokrácia alapíttatik, akkor lehet reményleni ez ország megtérítését.

Ez vala az elv, melyből az angol kormány Erzsébet, Jakab és Károly országlása alatt kiindult, s mely, habár a kívánt következéseket nem hozá is maga után, a nemzetet véghetlen ínségre vezeté.

Már Erzsébet alatt, a Desmondi lord zendülése alkalmával 600 000 acre-nyi föld elkoboztatott a memsteri tartományban. Ezen föld angolok közt osztatott fel, azon feltétel alatt, hogy jószágaikban irlandi származású vagy születésű lakost tűrni nem fognak.

Ugyanez történt Tyron Tyrconnel és Dogerthy öszveesküvésök után, mely alkalommal az éjszaki grófságokban 500 000 acre-nyi föld juta konfiskáció által a kormány rendelése alá. E föld ismét idegenek, s mert az Erzsébet alatt elkobzott jószágokra Angliában elég vevő nem találkozott, angolok és skótok közt osztatott fel, az új jövevényeknek lakásul a tartomány hegyes és erdős része rendeltetvén, a honos nép a síkságra szoríttatván, hogy szüntelen felvigyázat alatt tartva,

earlier oppression affected only the non-English population, now it was extended to all inhabitants who refused to change their religion, and it was done all the more ruthlessly because the pretext was so much holier. When we look at particular events, we may be stunned by the degree of degradation a nation can sink to if its people are driven by passion to unlawfully suppress another. But we can take consolation in the thought that all that cruelty was in vain; the weak put up effective resistance against the strong – not by achieving victory but by mere survival. There is no nation, no matter how small and weak, that cannot resist the most powerful invader if the hearts of its citizens are sufficiently passionate.

After a ten-year war that cost Queen Elizabeth more than 1,040,000 pounds almost all of Ireland was occupied and – according to Gordon – most of the population extinct due to plagues and hunger; and yet Protestantism had made little headway. The English government had come to realize that brute force alone was not enough. The only hope for the conversion of the nation lay in establishing new English colonies as the germs of the new religion, by confiscating the large land holdings of the native Irish and giving them to English Protestants, creating a new ruling class.

Already under Elizabeth, in connection with the Desmond rebellion, 600,000 acres of land were confiscated in the province of Munster. This enormous estate was divided up and distributed to Englishmen under one condition: the new owner was not allowed to employ workers of Irish birth. The same thing happened in the aftermath of the Tyrone and Tyrconnell and O'Doherty conspiracies that resulted in the confiscation of 500,000 acres of land in the northern province. There were few buyers in England for these lands expropriated under Elizabeth; therefore, they were sold off to English and Scottish newcomers to Ireland. These immigrants were given the uplands for habitation while the native population was squeezed out to the flatlands where it was easier to keep them in check and prevent them from further insurgency. Under the same government, a new law was enacted that required every landowner in Ireland to appear before a commission and

82   Szegénység Irlandban

ellentállásra képes ne lehessen. – Később ugyanezen király kormánya alatt, egy új törvény következtében, mely szerint: hogy minden irlandi birtokos birtokának címjéről magát egy bizottság előtt legitimálni rendeltetett, ezen egészen reformáltakból álló biztosság ítéletei után ismét 450 000 acre vétetett el a katolikusoktól.[12]

Követte ezen példákat I. Károly vagy inkább kedvence, a Straffordi lord, ki minden törvényes ok nélkül, azon puszta ürügy alatt, hogy Connaught-ban törvényes úr a királyon kívül nincs, az egész connaughti tartományt a korona számára konfiskálta.

Ily elnyomás után vajon csudálatos-e, hogy a nép végre elveszté türelmét,[13] s hogy midőn 1641. október elején a zendülés kitört, vezére, O'Nial kevés nap után 30 000 bajnoknál többet számolhata maga körül? – Azt hiszik sokan, hogy e zendülés elnyomása az Irlandban kormányzó angoloktól függött volna, s általok ébresztetett s neveltetett, csakhogy több s nagyobb elkobzásra adjon alkalmat, s én nem akarom vizsgálni e vélemény alaposságát; csak azt akarom megjegyezni, hogy undoksága még nem bizonyít ellene, s hogy nem ez volna egyetlen példája ily cselekvésnek a történetkönyvekben. – Szomorú észrevétel, de való, s minden, ki a történetekkel foglalatoskodik, át fogja látni alaposságát: hogy század még nem volt, hol a morál elvei nép és nép közötti viszonyokban gyakorlatba hozattak volna; s hol egy ivadéknak jogeszméi máson alapulnának, mint eldődei gonosztettein, mintha a historikus alap mindenre megfelelne, s az igazságtalanságnak mentségéül elég volna megmutatni, hogy századok óta gyakoroltatik.

A bosszú szörnyebb vala, mint valaki képzelheti, s ha kitörését csakugyan magok az angolok pártolák, midőn közülök valamennyien birtokukból elűzettek, s több 12 000-nél veszté életét, az irlandi nép bizonyára felülmúlta lázító

12. Hallam Const. hist. t. 5. p. 262.
13. Ezt mondják Warner, Hallam, Plowden, Gordon, Leland: "Whatever were the professions of the chief governors, the only danger they really apprehended, was that of a too speedy suppression of the rebels; extensive forfeitures were the favourite object of the chief governors and their friends."
—Leland. III. p.160.

present the title to his estate in order to prove its legitimacy. Needless to say, the commissions consisted of Protestants exclusively, and the law eventually robbed the Catholics of another 450,000 acres of land.[12]

Charles I followed the same policy, mostly through his favourite, Lord Strafford, who confiscated the whole province of Connaught in the name of an invented law according to which all land belonged to the Crown.

Is it any wonder that after a while the people ran out of patience,[13] and when rebellion broke out in the beginning of 1641 the leader O'Neil was able to count more than 30,000 fighters supporting him? Some historians believe the rebellion was fomented by the English rulers of Ireland who wanted to create more excuses for taking over more land. I cannot scrutinize the basis for such a theory; all I can say is that its utter ugliness is no proof against it, such an act is not without examples in the books of history. Sad to say, but true; everyone engaged in the study of history will see solid foundation for it: a historian can point to not one century when affairs between nations were governed by moral principles, when the legal system of a nation was not based on the evil deeds of their forebears, and when injustice was not justified by quoting time-honoured precedents for it.

The vengeful rebellion was horrible as one can imagine; it claimed more than 12,000 lives among the English who were driven from their estates. If indeed they were responsible for arousing the native population, what they achieved must have exceeded their expectations by far.

If the vengeful rebellion was horrible, the reprisal was even more so. The orders given by the English lord justices

12. Hallam, *Constitutional History of England*, 1827, p.262
13. So say Warner [Ferdinando, 1703-1768], Hallam [Henry, 1777-1859], Plowden [Francis, 1749-1829], Gordon [James Bentley, 1750-1819], Leland [Thomas, 1722-1785]:
'Whatever were the pretences of the chief governors, the only danger they really apprehended, was that of too quickly suppressing the rebellion. ... Extensive forfeitures were the favourite object of the chief governors and their friends.'
—Leland, *The History of Ireland*, 1784, p.274.

84 *Szegénység Irlandban*

kívánatjaikat. – De ha a bosszú szörnyű vala, még szörnyűbb vala büntetése, s ki az angol lordbírák által az Irlandba költöző hadaknak kiadott parancsolatot olvassa, melyben a pártütőknek, követőiknek s társaiknak megölése és megsemmisítése, minden birtoknak feldúlása, kirablása s felégetése, minden fegyvert fogható férfinak kiirtása rendeltetik; ki figyelembe veszi, hogy az irlandi birtok azok között, kik e szent !!! hadra pénzt kölcsönözének, már előre felosztatott; ki e háború egyes történeteit követve Philippaugh-nál, Carrick-Fergusban, Magee szigetén s Wexford városában százan- és ezerenként látja gyilkoltatni a védetlen pápistákat; vagy ki csak az egészet tekintve, például látja, hogy 1641. október 23-ától, hol a háború kitört, 1652-ig (William Petty szerint) 11 év alatt 500 000 irlandinál több halt meg, s magában Dublin városában, mint Plowden mondja, az 1651-i nyár alatt több 17 000 embernél – képzelheti ez országnak szerencsétlen állapotját.

De mind e vérengzések s mindamellett, hogy miután Cromwell úgynevezett gyilkoló törvényszéke által több 200 pápistánál gyilkoltatott meg törvényes formák szerint, miután minden nagyobb birtokosokra halálos büntetés, minden kisebbre számkivetés, vagy hacsak birtoka 10 ft-nál kevesebbet nem ére, javai egy vagy kétharmadának konfiskációja rendeltetett, sokan s főképp a nép birtokosabb osztályaiból önként kivándorlottak,[14] sokan a kormány által deportáltattak:[15] a nép száma még mindig nem kisebbedék a zsarnok kívánatjához képest, s az angol jól érezve, hogy

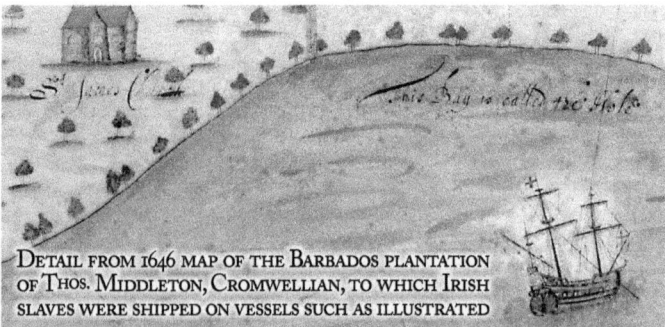

DETAIL FROM 1646 MAP OF THE BARBADOS PLANTATION OF THOS. MIDDLETON, CROMWELLIAN, TO WHICH IRISH SLAVES WERE SHIPPED ON VESSELS SUCH AS ILLUSTRATED

14. Lingard szerint 30 000, vagy 40 000 [John Lingard 1771-1851].
15. Csak egyszerre 1 000 leány rablattatott el, kik később Jamaikában mint rabszolgák vásáron eladattak.

to the armies sent to Ireland to put down the uprising makes enlightening reading: the foremost task of the military campaign was the killing of the ringleaders of the struggle and their followers, the destruction of their properties by pillage and fire, the extermination of every able-bodied man capable of bearing weapons. The Irish estates had already been divided up and distributed to those who invested money in this punitive holy !!! war even before it had got underway. To follow the details of the war is to count the defenceless Papist dead by the thousands in Philipstown, Carrickfergus, Islandmagee, the city of Wexford. Overall, in the 11 years from the beginning of the hostilities in October 23, 1641 till 1652 (according to William Petty) more than 500,000 people of Ireland died. Plowden states that in Dublin alone just in the summer of 1651 at least 17,000 fell victim to this reprisal. These figures speak louder than imagination when it comes to the description of the misery suffered by Ireland.

In addition to all this bloodletting, Cromwell had major Catholic landowners – 200 of them – judicially killed in his hanging courts, smaller landholders were exiled, and properties valued at ten pounds or less tended to be simply confiscated.

Many, especially those who could afford it, emigrated voluntarily,[14] while many others were transported as slaves[15] by the government. However, by the tyrant's estimation, the population had not decreased sufficiently; the English overlord sensed that patriotism or blood-thirst – everything that was good or vile in the hearts of the oppressed – was crying out

intending at the close of their Conquest (if they can effect the same as God forbid) to root out the Commons also, and plant this Land with Colonies 1649. *to be brought hither out of England, as witness the number they have already sent hence for the Tobacco Island, and put Enemies in their places. And in effect this banishment, or other destructions of the common People, must follow the Resolution of extirpating the Catholick Religion, which is not to be effected, without the Massacring or Banishment of the Catholick Inhabitants.*

DECLARATION BY THE CATHOLIC ECCLESIASTICAL CONGREGATION MET AT CLONMACNOISE, DECEMBER 1649, ABOUT SHIPPING OF IRISH SLAVES TO THE 'TOBACCO ISLAND' (BARBADOS), WITH 'ENEMIES' GIVEN THEIR LANDS.

14. According to [John] Lingard, between 30,000 and 40,000.
15. On one occasion 1,000 Irish girls were abducted and sold in a slave market in Jamaica. ['I believe that some 60,000 Irish Catholics were sent in crowded ships to Barbados and the islands of America, such that those who did not die in the open remained in perpetual slavery.' – Thomas Quin s.j., *Archivium Hibernicum*, 1656. —Ed.]

minden, mi jó s alávaló elnyomottjai szívében, hazaszeretet s vérszomj egyformán bosszúért kiált, remegve ült véres trónján.

Új módokról kelle tehát gondoskodni, s habár az, mely feltaláltatott, később végrehajtatlannak mutatkozott is, maga a gondolat, s hogy annak végrehajtása csak próbáltatott is, felülmúlná hitünket, ha minden történeti adat nem bizonyítaná valóságát. – Mivel tudniillik Anglia hosszú megtérítési próbatételei után általlátá, hogy a vallás minden kínszerítésnek ellentáll, s hogy a reformáció csak angolok által honosodhatik Irlandban, nehogy az angol gyarmatosok, mint az 1641-i zendülés alatt, új veszélyeknek tétessenek ki, s a tízszerte nagyobb katolikus népesség között napról napra végveszéllyel fenyegettessenek: a kormány a szigetnek angol s honos népességét végképp elkülönözni határozá, – a reformált népességnek Ulster, Leinster és Munster tartományok rendeltettek e határozat következésben kizáró birtokul: a pápista népesség az ország negyedik tartományába, Connaughtba (melyhez még a kildarei grófság adatott) szoríttatott, úgy azonban, hogy a csend fenntartása végett még ezen tartományban is a városok kizárólag protestánsok által lakattassanak, s minden katolikus, ki e határokon túllép, halállal fenyíttessék.

Hogy ez irtózatos parancsolat végre nem hajtathatott, s hogy minden kegyetlenség mellett, mellyel e szerencsétlen nép vadállatok gyanánt üldöztetett,[16] egy egész nemzetet elűzni nem lehete honából, magában világos; vissza kellett tehát térni a kormánynak elébbi módjához, azaz: csak a birtokosabb osztályra szorítván üldözéseit, elkobzások által minden irlandi birtokos megfosztásán és egy egészen reformált arisztokrácia alkotásán alapítani reményeit. – S ez azon út, melyet az angol kormány innen kezdve szakadatlanul folytata, nem királyainak, hanem magának a népnek kívánatjait követve, mely királyát, habár az, mint II. Károly, a pápistáknak kedvezőbb lett volna is, a közvélemény hatalmával magával ragadá, s akaratja ellen is üldözővé tevé. – Való,

16. Lásd Ludlow emlékeit.

for revenge, and he sat uneasy on his bloody throne.

New methods had to be invented, which failed when they were put to the test, but the very thought of the methods considered would be beyond belief if we didn't have the historical data as proof.

In short, England realized that the local population was resistant to every method of conversion, and Ireland could be made Protestant only by planting more English colonists there, but with a new twist: in order to avoid exposing these English settlers to the 1641 type of rebellion from the tenfold majority of Catholics who posed a day-to-day doomsday danger, the government decided to separate the populations of the island once and forever. The Provinces Ulster, Leinster and Munster were reserved for the Protestant population as their exclusive domain; the Catholics were restricted to the province of Connaught with the county of Kildare added, but even in those parts the cities were out of bounds for the Catholics, who could be subject to capital punishment if they ever entered them.

It should have been clear from the beginning that such a horrible order could never be carried out, that a whole population could not be chased out of its home even if it were to be persecuted and hunted down like wild animals [16] for centuries; the government soon realized it had to return to its former policy of persecuting and dispossessing the larger Catholic landholders of Ireland and replacing them with Protestant English as a new ruling class.

This is the policy that the English government has pursued ever since, not only because the kings wished it, but with the approval of the English people.

Even when the Cromwellian period had ended and the monarchy had been restored, Charles II would have been personally more favourably disposed to the Papists, but he could not go against public opinion that demanded he continue their persecution. It is also true that under this monarch a special court was set up, the Court of Claims, empowered to restore unjustly confiscated estates to the rightful owners, but as soon as it began to look dangerous to the Protestant landowners, its

16. See Ludlow [Edmund, *c*.1617-1692], *Memoirs*, 1698.

88 *Szegénység Irlandban*

hogy e fejedelem alatt egy külön törvényszék állíttatott, mely court of claims neve alatt az ártatlanul megfosztott birtokosoknak javait visszaítélendő vala; de mihelyt e törvényszék a birtokos protestánsok előtt veszedelmesnek kezde látszani, azonnal felfüggeszttettek munkálati; való, hogy e király személye körül oly tanácsnokokat használa, kik pápizmus hírében álltak: de nem kelle-e őket azzal védelmeznie, hogy az egyik nagy kakasviadal-kedvelő, a másik jó házat tart, a harmadik felséges rókakutyákat,[17] s nem vala-e mindezen királyi hajlandóságoknak Irlandra nézve mégis az a következése, hogy a pápista vallás alatta is proskribáltatott; kik Londonban panaszt tenni jöttek, a Towerba zárattak; s mert már az elkobzásoknak ellentálni nem lehete, a király kedvencének, Ormondnak, a konfiskált javakból 70 000 ft. st. jövedelmű jószágok ajándékoztattak maga a király által Irlandban.

Mikor a Stuartok Angliából elűzettek, Irland felkelt egykori üldözői mellett, még egyszer szembeszállva hatalmas ellenével, még egyszer legyőzetve, s új elnyomást s kegyetlenségeket vonva magára. – Miután Orániai Vilmos 1690-ben jún. 14-én † a híres boyne-i csatában Irlandot meghódítá, azon katolikus földbirtokosokból, kik 1660-ban vagy maga király, vagy a court of claims által ártatlanoknak nyilatkoztattak, s jószágaikat visszanyerék, ismét 4 000 fosztatott meg birtokától, részszerint, mert valóban II. Jakab zászlóihoz állt, részszerint, mert ez csak ürügyül használtatott, s így ismét 1 060 000 acre jutott a kormány kezei közé.[18]

17. Lingard XIII. p. 132.
† Vilmos III. Irországba érkezett 1690 június 14-én; a csata megtörtént 1690 július elsején. —Szerk.
18. A limericki kapituláció Vilmost arra kötelezé ugyan: hogy a pápistáknak Irlandban való háborítatlan megmaradhatását kieszközlendi; de a parlament minden hódolat mellett, mellyel Vilmos iránt viselteték, ebben meg nem egyezett. Ebből úgy, mint Londonderry város csak magok a polgárok által vitt bajnoki védelméből látni, hogy a pápistaüldözés Irlandban, mint már feljebb említém, nem annyira az angol királyoknak, mint inkább magának a népnek tulajdonítható.

work was suspended. And it is also true the king appointed several counsellors with a Papist reputation, and to defend the appointment of each –

> he found some jocular reason to let him stand; as that he was a good cocker, understood hunting, kept a good house, had good chines of beef, or kept good foxhounds, or some such indifferent matter that it was ridiculous to contradict or dispute upon. [17]

Yet however favourably disposed the king was to Ireland, that had no effect on the persecution of the papist religion. Those who went to London to lodge a complaint were locked up in the Tower. As the land confiscations could no longer be reversed, the king himself presented his friend Ormond with enough confiscated Irish lands to yield a yearly income of 70,000 pounds.

When the Stuarts were banished from England, the Irish rose up again in support of their former oppressors, once more turning against their powerful adversary, with the consequence of renewed defeat, more reprisals and ruthless subjugation. After William of Orange arrived in Ireland on June 14th of 1690 and was victorious in the famous Battle of the Boyne,[†] the result again was the confiscation of Catholic lands. Some 4,000 Catholic landowners who had earlier regained their properties in 1660, either directly from Charles II by royal favour, or through the Court of Claims, were deprived of their lands a second time, because now they could be said to have indeed rallied around the flag of James II in battle, or under the pretext of such treasonous activity. As a result again 1,060,000 acres of land fell into the hands of the English government.[18]

---

17. Lingard [Revd John, 1771-1851], *The History of England*, 1819, p.144. [cocker = cockfighting man. —Ed.]

† William III's arrival was on 14th June; the Battle took place on 1st July 1690. The modern commemorations of 12th July originally marked Protestant victory at Aughrim on 12th July 1691. —Ed.

18. The Treaty of Limerick obliged William to ensure the Papists' continued existence in Ireland undisturbed, but to this the otherwise compliant Parliament did not consent. This instance, in addition to the defence of Londonderry by its citizens, shows that the persecution of the Papist in Ireland should be blamed on the populace of England rather than its kings.

Már a nagy zendülés előtt, alatt s után történt konfiskációk által Irland 11 000 000 acre-ra vett földszínéből csak 2 000 000 maradt katolikus kezekben; most ebből ismét 1 000 000 vétetvén el, Irlandnak négyszerte nagyobb katolikus népessége az egész földszínnek egy tizenegyedére szoríttatott, s ez is nem az egész nép, hanem csak egyes boldogabb családok között – kik az üldözést elkerülni elég ügyesek vagy szerencsések valának –, osztatván fel, képzelhetjük e boldogtalan nép állapotját.[19]

De noha a zendülés alatt minden, mit csak emberi kegyetlenség kigondolhat, bő mértékben követtetett el: a reformált népesség, mint mondám, még mindig csak mint 1 a 4-hez álla a katolikusok általellenében, s pedig nem mint az angol törvényhozásnak szándéka vala, Connaught-ra szorítva, hanem (mert ezen egész terv természete szerint nem sikerülhetett), egész Irlandban; s így a reformált néposztálynak arra, hogy a többieket elnyomhassa, mindig Anglia segedelmére vala szüksége. – Innen egy új baj következik Irlandra mint országra nézve, az, hogy érdekei – mint nemzeté – mindig Anglia érdekeinek alárendeltettek, s hogy így az ország java maga privilegiált osztály által önkényt feláldoztatott, csak hogy Anglia által zsarnoki hatalmában, melyet a nép felett gyakorlott, pártoltassék; s ha Irland történetein ez egész században végigtekintünk, csak új meg új bizonyítványait látjuk, mennyire alázhatja meg magát az, ki igazságos lenni nem akarván s törvényes egyenlőséget nem engedvén, mások felett zsarnoki hatalmat űz, s remegve önvétkeinek érzetében, önkényt meghajlik pártolója előtt, csakhogy mást nyomhasson.

Először az irlandi parlament függetlensége áldoztatott fel.[20] – Az angol parlament mindenben, kivévén a

19. Ámbár Irlandnak kiterjedése újabb felmérések szerint 20 000 000 acre-ot tévén, hibásan vétetett fel 11 000 000, a proporció azért áll.

20. Már a poyning törvény megállapítá ugyan az irlandi parlamentnek függését, de ennek a nemzet mindig ellentmondott, s e függés csak most ösmertetett el.

As a consequence of property confiscations before, during, and after the uprisings, only 2,000,000 acres remained in Catholic hands out of the total land area of 11,000,000 acres of Ireland. Now an additional 1,000,000 acres was expropriated with the result that the Catholics that made up 80% of the total population were given a mere nine per cent of the total land area of Ireland on which to live. And even that area was not divided up equally but only among the families that were lucky enough or clever enough to escape persecution. Again these numbers speak eloquently of the fate of this unhappy people.[19]

Although every conceivable form of human cruelty was practised unchecked during the rebellion, nonetheless the Protestant population's proportion to the Catholics remained at only 1 to 4, and this held not only for Connaught as the English government envisioned (a plan doomed to failure from the beginning) but for the whole of Ireland. In order to keep the majority oppressed the Protestants remained dependent always on English help. This situation became the source of another trouble for Ireland as a nation: Ireland's interests were always secondary to England's, with the result that the good of the nation was always sacrificed for the benefit of the privileged group planted there by England, and that group was always eager to serve the English tyranny in return for its support.

Looking over Irish history we can observe the same pattern over and over again: those exercising tyrannical power over those whom they have unlawfully deprived of equality always are willing to humble themselves before their benefactor above; well-aware of their sins, they tremble even as they bend to the ground to look for the power to oppress those below them.

The first sacrificial victim was the independence of the Irish Parliament.[20] The English Parliament had the power to

19. A new survey estimates Ireland's total land area at 20,000,000 [statute] acres [i.e. 12,350,000 Irish acres approx.] rather than 11,000,000 [Irish] acres, but the proportions stated above still stand. [*Prior to the detailed Irish Survey of 1824–46 the area of Ireland was estimated to be 11,067,712 (Irish) acres.*]
20. Poynings' Law already had Ireland's Parliament subject to English oversight, but the nation never accepted this dependency status.

subsidiumokat, szabadon hozhata törvényeket Irlandra nézve, míg az irlandi amannak helybenhagyása nélkül, semmi kötelezőt nem határozhata.

Második áldozatul Irlandnak kereskedői s indusztriális érdekei kívántattak, s habár a népnek, miután birtokától megfosztatott, gyári s kereskedési iparnál más reménye nem maradt, készséggel áldoztatott fel ez is. Minden, ami csak Irlandot ipari vagy kereskedési tekintetben emelheté, már csírájában elnyomatott. A tizenhetedik század vége felé virágozni kezdének Irland gyapjúszövet gyárai; de az angol parlament észrevevé e virágozást, s 1699-ben oly nagy kiviteli vámot rendelve e gyáratokra, mely által minden kivitel lehetetlenné vált, elrontá az emelkedő gyárakat.[21] Káros vala ezen állapot minden kétségen kívül a népesség birtokos, azaz: angol részére nézve is, de személyes bátorsága nem engede más választást, s az irlandi arisztokrácia tapasztalhatá, hogy nincs jog, melyet drágábban fizetnénk, mint az, hogy embertársainkat elnyomhassuk.

De nem ismerjük Irland szenvedéseit még egész kiterjedésökben. Átka minden zsarnoki hatalomnak, hogy útjában önkénye szerint meg nem állhat, s mint a gyilkos, ki tettének palástolására mindig új s undokabb tettekhez vezéreltetik, s mennyivel inkább fél büntetésétől, annyival nagyobb vétkeket követ: úgy a zsarnok, helyzetétől kínszerítve, mindig nagyobb s nagyobb kegyetlenséghez vezéreltetik, s ez vala helyzete az angol kormánynak is. Irlandnak megtérítése érdekében vala mindig, s most, miután annyi vér ontatott, miután oly szörnyű elnyomás siker nélkül használtatott, ez érdek szükséggé vált. Az angol kormány többet vétkezett az irlandi katolikusokon, mint hogy velök valóban megbékülhetne. Megtérítésről kelle hát gondolni, megtérítésről minden feltétel alatt, s mert az vérengző módon nem sikerült, új hathatósabb eszközökről.

Kétségen kívül nagy befolyást űznek történetek minden

---

21. Hogy e gyárak megrontása nem véletlenül történt, látni abból, hogy a király a parlamenthez küldött egyik üzenetében e szavakkal él: mindent, mi tőlem függ, megteendek, hogy az irlandi gyapjúgyárakat elrontsam.

promulgate laws concerning Ireland except for subsidies, but any legislation enacted by the Irish parliament was subject to the approval of the former.

The next sacrifice demanded of Ireland was its commerce and industry, although only these two areas of endeavour were left open after the loss of farming land. Every form of commercial enterprise that could have helped Ireland was squashed in its germ. Towards the end of the seventeenth century woollen manufacture started to flourish in Ireland, but as soon as it came to the attention of the English Parliament, high export duty was legislated in 1699 which effectively stopped the export of woollen products and put the mills out of business.[21] This policy was detrimental to the landowners, too, who were predominantly English, but the new ruling class, which had been imposed on Ireland, was willing to pay any price for the privilege of oppressing their fellow human beings.

But we have yet to fully explore the injustices suffered by Ireland. The curse of every tyranny is that once it gets going, it cannot afford to stop; like a murderer on the run, it has to resort to more and more loathsome acts in order to cloak its dirty deed; fearing retribution, it commits ever more horrible crimes. Tyrants of necessity become increasingly cruel, and that was the fate of the English government. It was always in its interest to convert Ireland, and now after so much bloodshed and utter failure, that interest slowly ripened into a necessity, a must. The English government had committed so many crimes against the Irish Catholics that reconciliation had become impossible. Thus conversion was a priority, conversion by any means, and since bloodshed had failed, new, more efficient means had to be found.

Undoubtedly, seismic events have a long-lasting effect on the history of a nation, but their influence is often overrated; no need to go further than the example of the

21. The devastation of the woollen industry was no accident; a message from the king to the Parliament contained the following promise: I shall do everything in my power to stop the Irish wool mills.

nemzet sorsára; de ezen befolyás korántsem oly nagy és tartós, mint azt közönségesen gondolnók, s nem szükség mást tekintenünk, mint például a tatár rohanásokat a XIII. században s más ehhez hasonló nagy történeteket, hogy általlássuk, mi könnyen s hamar gyógyulnak ki nemzetek legnehezebb sebjeikből is, míg belső organizmusok ép, s az éltető eszközök nem sértettek. – Ha a limericki békekötés megtartatik, s ígérete szerint a pápisták vallásuk gyakorlásában nem háboríttatnak: számok s szükség nevelte iparkodás, habár századok múlva is, végre visszaszerezték volna az elrablott birtoknak legalább egy részét, s ennyi vérengezésnek és igazságtalanságnak, mint a francia forradalomnak, csak nagyobb elosztás és virágzás lett volna következése. Hogy ez ne történhessék, hogy a kis protestáns rész a katolikus nép felett tovább gyakorolhassa zsarnoki hatalmát, hogy az idő s a dolgoknak természetes kifejlődése ne változtassa e nemzet természetelleni állapotját, törvényekre vala szükség. Csak ha a történet törvénnyé válik s a nemzet lényegével összeolvad, akkor tartós, akkor orvosolhatatlan sebe; s ez vala, mit az angol kormány a XVII. század végén s a XVIII. kezdetén véghezvitt.

Ha Irlandban az angolok által ezen egész idő alatt hozott törvényeket közelebbről tekintjük, egy fő jellemként mindenikében a katolikusok elnyomását fogjuk találni, s habár rendeleteikre nézve e törvények olyanokra osztathatnak, melyekben e vallás gyakorlatának meggátlása közvetlenül céloztatik, s olyanokra, melyek e katolikusok polgári viszonyairól rendelkeznek, mivel ez utolsókban is csak azért szoríttatnak meg a katolikusok polgári életökben, hogy kínszerítés s egy jobb lét reménye által egyformán csábíttasanak új hithez, bizonyos, hogy csak egy elv szolgált alapjául valamennyinek, hogy valamennyi csak egy nagy térítő rendszernek részleteit képezi.

Átlátá végre Anglia, hogy az elnyomásnak erőszaknál rosszabb eszköze nincs; századokig tapasztalta, hogy nép szenvedések által soha oly mélyen nem süllyedhet, hogy a zsarnoki hatalom parancsoló szavára fel ne riadna nyugalmából, s azon pillanatban, melyben hangosan

Mongol invasions in the 13th century or other similar major disruptions, and we can see how fast a nation can recover as long as the inner organism survives and the means of subsistence are preserved.

If the terms of the Treaty of Limerick had been observed and, by its promise, the Papists had been allowed to practice their religion undisturbed, hard work and sheer numbers on the part of the majority would have resulted in at least partial reinstatement of the stolen farmlands, and all that bloodletting and injustice could have led to a fairer distribution of the land and greater prosperity, as happened after the French Revolution. In order to avoid such an eventuality, new laws were required – new laws to maintain the tyranny of the small Protestant class over the Catholics and to prevent the natural development of society from changing the unnatural state of the nation. Only if the catastrophe is codified into law and allowed to entwine itself around the very essence of the national spirit will it become an incurable wound. And that was exactly what the English government accomplished at the end of the 17th and the beginning of the 18th centuries.

Examining more closely the laws in Ireland enacted by the English during this period, we find the oppression of the Catholics as the common factor, although the rules and particular regulations contained in them can be placed in two categories: those aimed directly at obstructing the observance of the Catholic religion, and those that regulate Catholic civil rights; the latter were designed to put restraints on life more indirectly, so as to arouse the hope of a better life, and thus seduce the citizens to convert to the new faith. One thing is certain; all these laws were parts of a major campaign of conversion.

At this point it became clear to England that coercion was the least efficient means of oppression; throughout centuries of suffering, the people never sank so low that they would not resist the commands of tyranny, and as soon as they heard the tyrant calling them mere slaves, they felt that inner hymn echoing in their heart reminding them that they had

szolgának hirdettetik, nem érezne egy belső szózatot, mely
szívében visszhangként felszólal, s arra inti, hogy szabadságra
született. A zsarnok fő hatalma abban áll, hogy a jelen ivadék
önösségét kímélve, terveinek végkivitelét a jövőre halasztván,
élő jobbágyainak állapotját, amennyire lehet, tűrhetővé tegye.
Csak míg az elnyomottnak valamije van, mit még veszthet,
addig űzi ura nyugodtan bátor hatalmát. – Anglia megtanulta
végre Machiavelli alávaló mesterségét, s ezt követé Irlandban.

Amint mondám, az Irlandban ez időszak alatt hozott
törvények vagy olyanok, melyek közvetlenül a katolikus
vallás megszüntetését célozzák, vagy olyanok, melyek e
vallás híveinek elnyomása vagy az átmenet jutalmazása
által közvetve oda irányulnak; de akármelyik részét nézzük
e törvénynek, láthatjuk, hogy az angol zsarnokság bennök
fortélyosabb eszközökkel él. A katolikus vallás nem üldöztetik
többé vérengzően; gyakorlása legalább hallgatva tűretik;
papjainak, kik már Irlandban vannak, tovább engedtetik az
ottmaradás; de hogy a hit szolgái s velök a vallás lassanként
kihaljanak, a törvény elűzi először a püspököket,[22] s biztosítva
így, hogy az ország határa között a papok új ordinációk
által nem szaporodhatnak, az ellen, hogy más országokból
a hívek oktatására idegenek az országba ne jőjenek, minden
visszatérő papot hazaárulónak hirdetve, halállal fenyít.[23] Aki
visszatérőknek segédkezet nyújt, vagy őket magánál elrejti,
először 20, másodszor 40 ft-tal, harmadszor jószágvesztéssel
büntettetik,[24] ki pedig ily személyt a törvényszéknek felád,
jutalmul egy érsekért 50, egy felszentelt papért 20, egy
iskolamesterért 10 font sterlinget kap.

A pap azonfelül az abjuration hitet letenni[25] s kétszer
50 ft kauciót adni kíntelen aziránt, hogy grófságából kilépni
s idegen plébániában misét mondani vagy más egyházi

22.	All popish regular clergy, jesuitas, friars and bishops or
	others exercising ecclesiastical jurisdiction to depart before 1 of
	may 1698, or goal till transported, 9 Wil. III. cap. 1.

23.	9. W. III. cap. 1
24.	Ibid.
25.	E hit egészen politikai s csak a stuarti ház ellen irányozott.

a birthright of freedom. The tyrant's main source of power comes from setting his eventual goal in the future and making the serfs' lives just bearable enough. As long as the oppressed are left with something that they may lose, the ruler can exercise his power over them. England learned Machiavelli's craft and started using it in Ireland only too well.

As I explained earlier, the laws introduced in Ireland in this time-period were designed to eliminate the Catholic religion either directly – or indirectly by making life difficult for its followers and rewarding those who were willing to renounce it; but in every case we can see that England was resorting to more refined methods. The Catholic religion is no longer persecuted by deadly means, its practice is tacitly tolerated; priests already in Ireland are allowed to stay, but to make sure they will disappear by attrition, and with them the religion, all the bishops[22] are sent into exile, thus making the ordination of new priests impossible inside the country. Priests entering the country for the purpose of teaching the believers are arrested for treason and threatened with execution.[23] Anyone aiding and abetting a returning priest is fined 20 pounds for the first offence, 40 pounds for the second, and total confiscation of property for the third.[24] Anyone reporting such a priest to the authorities is given a reward of 50 pounds for a bishop, 20 pounds for an ordained priest, 10 pounds for a schoolteacher.

An Oath of Abjuration is required[25] of a priest in

22. '...That all popish archbishops, bishops, vicars-general, deans, jesuits, monks, friars, and all other regular popish clergy, and all papists exercising any ecclesiastical jurisdiction, shall depart out of this kingdom before the first day of May, which shall be in the year of our lord one thousand six hundred ninety eight; and if any of the said ecclesiastical persons shall be at any time after the said first day of May within this kingdom, they, and every of them, shall suffer imprisonment, and remain in prison, without bail or mainprize, till he or they shall be transported beyond the seas...' – 9 William III ch.1
23. 9. William III. ch.1
24. Ibid.
25. This oath was entirely political and envisaged only against the House of Stuart.

kötelességet teljesíteni nem fog.

A törvényhozás tűri ugyan a katolikus hitvallást, de csak
a jelen papok életére szorítja fennállásának idejét; mihelyt
egy vagy más egyházban a pap meghal, a törvény mintegy
a reformált valláshoz tartozónak tekinti e községeket,
s nem engedi többé, hogy hívei más katolikus paptól
vigasztaltassanak. – S vajon ki vádolhatná kegyetlenséggel
a törvényt, mely a papot gonosztevőként egy bizonyos
helyre leköté, egész életét bántásokkal, minden lépéseit
veszélyekkel körülfogá; hisz ugyanazon törvényhozás különös
kedvezéseket is nyújt neki, s csak önakaratjától, csak egy
alávalóságtól függ, s az aposztata nemcsak a törvény minden
jótéteményeit, de még külön jutalmakat éldelhet, melyekre
másnak számot tartani nem lehet. – Minden átmenő papnak
előbb 20, később 30, végre, mert hisz hol nagylelkűebb a
zsarnoki hatalom, mint mikor egy ocsmányság fizetése forog
kérdésben, 40 font évenkénti fizetés ígértetik.[26]

Tiltatik azonfelül minden, mi a vallás külső gyakorlatához
tartozik: harangok, tornyok, különös papi öltözet, sőt minden
processzió vagy pápista módon véghezviendő temetés;[27]
keresztek s más szentképek, melyeket a nép eddig tisztelt,
ledöntetnek; a búcsúra járók korbáccsal büntettetnek.[28]

Mily kegyetlen vala a türelem, mely a katolicizmusnak
Irlandban engedtetett, látjuk a mondottakból, de még ez is
csak egy ivadékra terjeszkedvén, az angolok, kik minden új
pap felszentelését vagy bevándorlását minden módon gátolák,
nem hagyják figyelem nélkül a gyermekek neveltetését sem. –
S habár itt is híven elveikhez a reformált nevelés kínszerítőleg
nem parancsoltatik, legalább oly állapotba kelle helyezni a
katolikus szüléket, hogy gyermekeiknek tudatlanságán vagy
reformáltak általi neveltetésén kívül más választásuk ne
maradjon. Eltiltatnak ezen okból minden katolikus iskolák;
elűzetnek az iskolamesterek s más neveléssel foglalatoskodó
katolikusok, elébb deportációval, visszatérés esetében halállal

26. 8. Anne c. 3 – 11-12. Georg. III. ch. 27.
27. 21-22. Georg. III. ch. 24.
28. 4.[2.] Anne ch. 6.

addition to two £50 bonds – one against his leaving the feudal lord's domain, and the other against his saying Mass in any other parish or performing other ecclesiastic duties.

The law tolerates the Catholic faith, but when a parish priest dies, the orphaned church will be denied the right to bring in a Catholic replacement – it will automatically become a Protestant congregation with a Protestant minister. Indeed, this system of justice treats a priest as a criminal, ties him to one location for all his life, watches his every step, and subjects him to every form of misery, and yet it cannot be accused of dispensing only cruelty: this very same system can extend special favours to him and it all depends on his own free will and corruptibility; an apostate can enjoy not only all the protection and benefits of the law but special rewards not available to the general population. Every converting priest is promised an initial 20-pound payment, followed by 30 pounds, and then a 40-pound yearly salary with which the magnanimous tyrant rewards treachery.[26]

In addition, all visible forms of religious practice are forbidden: church bells, steeples, vestments, processions, and Papist funeral rites;[27] such objects of veneration as crucifixes and holy icons are to be destroyed; those participating in a pilgrimage are to be flogged.[28]

Cruel was indeed the tolerance with which Catholicism was allowed to function, as we can see from the above, but that applied to the current generation, and the English did not forget about the next one either, by banning the ordination and the importation of new priests. True, in accord with their principles the English did not force Protestant education on children, but they put the parents in a situation where they could only choose ignorance for their children or education in the Protestant faith. For this reason, all Catholic schools were closed and new ones forbidden, Catholic teachers and educators were chased away, and if they persisted, they were threatened first with deportation,

26. 8 Anne ch.3 – 11&12 George III ch.27
27. 21&22 George III ch.24
28. [2] Anne ch.6

fenyíttetvén;[29] eltiltatik a gyermekeknek külföldön való neveltetése.[30] Mindezen törvények, amint látjuk, a katolikus vallás fokonkinti megszüntetésére céloznak; de az angol kormány nem elégszik meg ezekkel, s tapasztalva, hogy vérengzés a vallás ellen nem bír hatalommal, s remélve, hogy a katolikusok, kik a vérpadon nem lankadtak hitökben, körülvéve ezer bántástól s kis üldözéstől, megfosztva az élet minden élvezeteitől, sértve naponként, végre hódolni fognak: ezen nyugodt, vértelen kegyetlenségben helyezi bizodalmát.

Polgári életére nézve: minden pápista a felső- s alsóházból,[31] a parlamenti követek választásától,[32] a had- s hajósereg, a törvényszék és kormány minden hivatalából,[33] végre az ügyvédi hivatal minden fokozatából[34] kizáratik, nem világos rendeletek, hanem azáltal, hogy mindezen hivatalok viselésére a test-eskü letétele, mely a katolikus vallással ellenkező, elkerülhetetlenül szükségesnek határoztatik.

A birtokra nézve. Tiltatik a katolikusnak minden ingatlan birtok megvétele.[35] Sőt a haszonbirtok is néki csak 31. esztendőre s akkor is csak úgy engedtetik, hogy bére mindig egész bevételének kétharmadát tévén, ha ez iparja által nevekednék, aránylag a bér is nőjön.[36] Hogy pedig e törvény annyival bizonyosabban megtartassék, nemcsak jutalom ígértetik annak, ki megszegését felfedezi, de még azonfelül minden reformáltnak engedelem adatik, hogy a pápista által jutalmasabb feltételek alatt bírt haszonbért, mihelyt észreveszi, ugyanazon feltételek alatt magáévá tegye.[37]

Azokra nézve, kik birtokukat megtarták, vagy később a court of claims ítéletei következésében visszanyerték, a törvény a vagyonnak minden gyermekek közti egyenlő

29. 8.[2.] Anne ch. 6.
30. Anne ch. 6.
31. 3. Will., s Mary.
32. 2. Anne ch. 6.
33. Ibid.
34. Ibid.
35. Ibid.
36. Ibid.
37. S[8.] Anne ch. 3.

and then death, in case they returned.[29] Sending children to school abroad was also forbidden.[30]

All these laws were designed to hasten the gradual elimination of Catholic religion, but the English government was not content to wait for them to work on the Catholics who did not give in to the conquerors on the torture rack; it surrounded the lives of its victims with constant injustices, inconveniences, insults, all aimed at making everyday life miserable for them, hoping that this kind of bloodless cruelty would wear down their resistance and they would surrender.

With regard to Civil service: Papists were excluded from both houses of parliament,[31] from the parliamentary elections,[32] from the army and navy, from all offices of government and the judicial system,[33] and finally even from the practice of law on any level, by the Test Act [1673] [34] – the excuse of requiring the disavowal of the doctrine of transubstantiation which is against the Catholic religion but not the Protestant version.

With regard to Property rights: Catholics were forbidden from buying real estate.[35] They could lease rental property but only for 31 years and the rent had to be two-thirds of the total income derived from that said property so that the more the renter earned the higher rent he had to pay.[36] In order to ensure the observance of this law, a reward was given to anyone who discovered the breaking of it; in addition, a Protestant who discovered such an illegal arrangement could take possession of the property under the same rental conditions.[37]

Regarding those who managed to hold on to their estates, or else regained them through the Court of Claims, the law

29. [2] Anne ch.6
30. [2] Anne ch.6
31. 3 William & Mary [ch.2]
32. 2 Anne ch.6
33. Ibid.
34. Ibid.
35. Ibid.
36. Ibid.
37. [8] Anne ch.3

felosztását rendeli,[38] mint bizonyos utat arra, hogy e birtok új vételek által nem szaporodván, végre véghetlen kis részekre osztva a katolikusok kezeiből el fog tűnni.

A mesterségekre nézve: kevés kivétellel [39] itt a pápista szabadon gyakorolhatja ugyan munkásságát, de a II. Károly alatt kiadott municipalitási rendszabályok szerint nem vehetvén részt a municipalitásban, itt is alávettetik számtalan taxának, melytől a protestáns mint testületi vagy mint municipalitási tag szabad; s melyek végett, főképp ha hozzávesszük még azon megszorítást, hogy 2 legénynél törvény szerint többet nem tarthat,[40] a protestánssal a mesterségekre nézve nem léphet konkurrenciába.

De még maga a *kézimunkás* sem engedtetik szabadon, s kinek munkájánál egyéb birtoka nincs, azt a törvény sérti még ebben is, midőn használatát nem hagyván szabad akaratára, arra, ki vallásának az angolok által el nem ismert ünnepeiben dolgozni nem akarna, nehéz büntetéseket rendel.[41]

De még mindezzel a kegyetlen zsarnok meg nem elégszik. Szét kell törni a láncot, mely a katolikust a reformálthoz közelíthetné; el kell tehát tiltani a különböző vallások közt a házasságot,[42] hogy ezen törvény annyival bizonyosabban megtartassék, halálra ítélni a papot, ki ily egyezséget felszentelni merészlene; el kell hárítani mindent, miáltal a két felekezet barátság vagy háladatosság által köteleztetnék egymáshoz, s azért pápista protestánstól nem kaphat semmit ajándék vagy örökség által.[43] Ő pária, kire a törvény előre kimondá átkát, kinek boldognak lenni nem szabad, s kit, habár házi körébe vonulna vissza, s csak a családi élet boldogságai után vágyódnék, a zsarnok itt is el fog érni, s itt is meg fog fosztani mindenétől.

Mert vajon az atya, ha gyermekeire néz, s önéletére

38. *Inheritance of papists shall descend in Gavelkind.* – 2.Anne ch.6. §10.
39. Jelesen kivétetnek mindazon kereskedelmi ágak, melyek fegyverekkel foglalatoskodnak XIII. Georg II. ch. 6., s mindazon hivatalok, melyek fegyverviseléssel összekötvék, mint vadászok sat. X. Wil. III. ch. 8.
40. 8. Anne ch. 3.
41. 7. Will. III. ch. 14.
42. 9. Will. III. c. 3.
43. Anne ch. 6.

required its distribution to the children in equal shares [38] with the idea that eventually the estate would be divided into infinitesimal portions and practically disappear since the owners were not allowed to add more by purchase.

With regard to Trade: with a few exceptions [39] the Papist was free to practice his trade, but the regulations promulgated under Charles II banned him from membership of municipal corporations so he was subject to endless taxation that did not apply to his Protestant competitors who could take advantage of full membership of municipal corporations. In addition, he was not allowed to hire more than two helpers,[40] so he could scarcely compete with the Protestants, whatever trade he pursued.

But even the *labourer* who owned nothing else but the labour his two hands could deliver was not free to apply himself according to his free will; if he did not want to work on Catholic holidays not recognized by the Anglican church, he could expect severe punishment from the justice system.[41]

But even all that was not enough for the cruel tyrant who wanted to break the chain that might bring the two religious groups together: marriage between them had to be banned.[42] To enforce this law, there had to be a capital punishment for the priest who might venture to sanctify such a union; every barrier had to be raised between the two religions so that friendship and obligation might never develop between them; therefore, a Catholic might never receive a present from a Protestant, not even through inheritance.[43] The Catholic was a pariah, cursed from birth by the law, and the tyrannical law reached into the privacy of the family home to deny him happiness even there.

Just think about the father reflecting on his children's

38. *Inheritance of papists 'shall descend in Gavelkind,'* – 2 Anne ch.6 s.10 ['*...that is to all of his sons...in equal degree*'].
39. Significantly excepted are the branches of commerce dealing with weapons – 13 George II ch.6;
and offices that involve the bearing of arms, like hunters, etc. – 10 William III ch.8.
40. 8 Anne ch.3
41. 7 William III ch.14.
42. 9 William III ch.3.
43. [2] Anne ch.6

visszatekint, örülhet-e, hogy azok, kiket e világra hozott, kiket szeret mindenek felett, szenvedni fognak, mint ő szenvedett? örökség által. Ő pária, kire a törvény előre kimondá átkát, idegen, vallásos ellensége leend gyámnoka, mert a törvény minden katolikust, még magát az anyát sem véve ki, a gyermekek gondviseléséből kizárt.[44] Egy birtoka vagyon, s *az vallása*, de vajon biztos-e csak arról is, hogy gyermekei e vallásnak hívei fognak maradni? Ha fiainak egyike szülei vallását elhagyá, s atyjának agg napjaira bút hozott, őt a törvény pártolni fogja az atyai harag ellen. Ha *később-szülött*, előre meg fogja határozni örökségét, hogy szülői által ne károsíttassék; ha ő az *idősebb*, akkor a törvény többi testvéreinek kizárásával néki adja atyjának egész birtokát;[45] az atya nem büntetheti engedetlen gyermekét, mert azon pillanatban, hol fia vallását változtatá, a való birtokossá ő lett, s szüléi csak haszonbirtokosoknak tekintetnek.[46] S vajon nem kell-e remegni az atyának, valahányszor gyermekeire néz, hogy ennyi kedvezés végre egyiket el fogja csábítani vallásától, azon vallástól, melyért csak üldözés vár reá, melynek követőit a törvény nemcsak minden ingatlan vagyon megvásárlásától eltiltott, kiknek még ingó birtokokat sem hagyá biztosítani, nem engedvén, hogy pénzöket hipotékára adják ki; de kiknek éldelni sem szabad, kiknek birtokokkal még tündökölni sem engedtetik, olyannyira, hogy ha például egy katolikus 5 font sterlingnél többet érő lovat használva találtatik, a törvény minden reformáltnak engedelmet ád arra, hogy 5 ft letétele után a lovat magáévá tegye.[47]

A katolikust Irlandban csak az ország terhei illetik. Valahányszor az országos katonaság lábra kél, ő adózik tartására;[48] ha valaki személyében vagy birtokában sértetett, a törvény őt tartja a gonosztévőnek, s az ő vagyonából

44. 2. Anne ch. 6.
45. Ibid.
46. Ibid.
47. 7. Will III. ch. 5.
48. 6. Georg I. ch. 3.

future. Can he possibly take pleasure in the prospect of the children he loves above all else suffering the same fate he did? The child's inheritance is that he is a pariah, an alien, cursed from birth by law. After the father's death, an enemy of his religion will become guardian to his children, because the law disqualifies Catholics from being guardians – even mothers are disqualified from acting as guardians of their own children.[44] The only property he has is his religion, but can he be sure his children will remain steadfast in that faith?

Should one of his sons abandon his religion, causing grief to his aging father, he will have the law on his side against parental wrath. If he's *not* firstborn, his share in the inheritance will be determined and guaranteed by the law so that he can escape possible parental punishment, and if he *is* the firstborn he will inherit the whole estate to the exclusion of his brothers;[45] the father has no right to punish his unruly child because, as soon as the son converts to the Anglican religion, he becomes the true owner of the family estate where his parents can stay on only as tenants.[46] Looking at his children, mustn't he tremble with fear that all the advantages of conversion will seduce one of them? After all, it would be so easy to abandon this religion that brings persecution on the believer, that deprives him of the right to purchase and hold real estate, that puts his personal property at peril, and makes him subject to a law that prevents him from borrowing to improve his property. He is so restricted in his lifestyle that he is not permitted to own a horse that is worth more than 5 pounds; if he should be seen riding such a splendid horse in public by a Protestant, that Protestant has the right to purchase that horse on the spot for 5 pounds with no further question asked.[47]

In Ireland, Catholics have nothing but the financial burdens of the country. They have to bear the extra tax every time an army needs to be raised.[48] If a Protestant suffers any

44. 2 Anne ch.6
45. Ibid.
46. Ibid.
47. 7 William III. ch.5.
48. 6 George II. ch.6.

szolgáltat a megsértett protestánsnak elégtételt.⁴⁹
Ezek azon törvények, melyek alatt Irland egy századig élt,
s melyekről a híres Burke így szól:

„A törvények, melyek ezen országban (Irlandban) a pápisták
ellen hozattak, oly vérengezők, mint mások, melyeket
pápista fejedelmek vagy országok valaha eretnekek ellen
alkottak; vagy ha talán nem oly vérengezők, bizonyára
még rosszabbak, mert lassúk, kegyetlenek és gyalázatosak
természetök szerint, s habár az életet ritkábban bántják
is, csak azért teszik, hogy üldözöttjeik személyeiben az
emberiség minden jogait és érzeményeit lealázzák. –
Utálom e törvényeket bűnös tökéletességök miatt; mert
meg kell vallanom: e rendszer tökéletes, erős és öszvefüggő,
jól átgondolt és kidolgozott minden részleteiben. Tudós
szerkezetű s tökéletes munkálatú erőmű s oly alkalmatos a
nép elnyomására, elszegényítésére és lealázására, sőt maga
az emberi természet elnyomására, hogy ember gonosz
ügyességében ennél tökéletesebbet talán nem alkotott még." ⁵⁰

S vajon bámulunk-e még az ország szerencsétlen állapotán?
vajon miután e törvényeket, melyek alatt e nép egy
századig szenvedett, ismerjük, kell-e más okot keresnünk
elszegényülésének és elaljasodásának magyarázatára?
Való, hogy e törvények soha egész szigorúságukban nem
alkalmaztattak, és főképp azon esetekben, hol az elnyomás
csak vallási nézetekből eredvén, a reformáltak személyes
érdekeivel öszvefüggésben nem vala, sokszor tettleg vagy
éppen nem, vagy csak sokkal csekélyebb mértékben valának
gyakorlatban, olyannyira, hogy Young Arthur ez iránt így szól:

„E törvények nem annyira a katolikusok vallása, mint javaik
ellen látszanak irányoztatva. A törvény a papot, ki misét
mondott, deportációra és akasztófára ítéli; és igen könnyen
büntetlenül mondhatja miséjét. De csak gazdagodjék
meg e módon, s azonnal üldözések tárgyává vált."

49. 9. Georg II. ch. 6.
50. Burke, *Letter to Lang.*

bodily or property damage, Catholics have to pay restitution.[49]

These are the laws that ruled Ireland for a recent century. These laws handed down against Papists were much more cruel and bloody than those created by any Papist ruler or nation against heretics; or if they are less bloody, they are all the more vicious, because they are slow-acting, ruthless in their nature, devised to debase every ounce of human rights and feeling in the persecuted. This is how the famous Burke speaks of them:

> '... they led you to abhor the old code. You abhorred it, as I did, for its vicious perfection. For I must do it justice: it was a complete system, full of coherence and consistency; well digested and well composed in all its parts. It was a machine of wise and elaborate contrivance; and as well fitted for the oppression, impoverishment and degradation of a people, and the debasement, in them, of human nature itself, as ever proceeded from the perverted ingenuity of man.'[50]

Can we still wonder what is behind the misery of this nation? Aware of these laws that oppressed the people for a century, why should we look for any other cause of their impoverishment and debasement?

True, these laws were never enforced in their full severity, especially when only religious differences were involved and not the personal interests of any Protestant persons. In such cases there were only nominal repercussions, or none at all. According to Arthur Young:

> 'These laws seem directed against the property rather than the religion of the Catholics. According to law, a priest should be hanged or transported for saying Mass, but he is allowed to do so with perfect impunity; but if the same priest made a fortune by his Masses, he would at once become an object of persecution.'

49. 9 George II. ch.6.
50. [Edmund] Burke, *Letter to Sir Hercules Langrishe* [1792]

– De az, hogy e törvények vallásos tárgyakban, valahányszor reformáltak érdeke kíváná, mindig gyakorlatban maradtak, sőt maga az, hogy e törvények léteztek, elég vala minden nemesebb érzemény elnyomására. – Legyen szabad eziránt egy munkát felhoznom,[51] melyet mindazoknak, kik Irlandra nézve bővebb felvilágosításokat kívánnak, azon meggyőződéssel ajánlhatok: hogy jobbat s melyben nagyobb tárgyismeretet, több világos nézetet találnának, nem ajánlhatok, s mely itt, mint sokban, egész meggyőződésemet kimondá:

„Mélyen szánok mindenkit – így szól Beaumont –, ki magát, mert tömlöcben nincs, addig szabadnak gondolja, míg egy törvény létezik, mely őt büntetlenül elzárni engedi.

„Nemhogy azt hinném, hogy rossz törvényeknek álma nemzeteknek némi boldogságot enged; én ellenben azt mondom, hogy rossz törvények soha nem károsabbak, mint mikor alszanak. Nincs rosszabb zsarnokság, mint mely szelíden űzetik, hogy tűrhetővé váljék. – A kormány, mely elnyomásra alkottatott, s alattvalóit el nem nyomja, mintegy rendetlen és hazug, s ez előttem csak egy hibával több. Ha a katolikus vallás ellen hozott büntető törvények oly pontosan hajtattak volna végre, mint azok, melyek a megfosztást célozák: fellázították volna az irlandiakat, kik visszanyerve vallási szabadságokat, visszanyerték volna jogaikat is; de ez egyike a zsarnokság legveszedelmesebb mesterségeinek, hogy eszközei között azokat választja, melyek megfosztanak, de anélkül, hogy sértenének.

51. *L'Irlande sociale, politique et réligieuse* par Gustave de Beaumont. E munka fájdalom, csak egy pár hónap előtt, azaz mikor minden elődolgozatimmal készen valék, juta kezemhez; s megvallom, szántam volna fáradozásimat – melyeknek eredményeit e munkában oly szépen s kimerítőleg láttam egyesítve –, ha éppen azok által nem lettem volna alkalmatosabb Beaumont egész érdemének elösmerésére, ki e jelen munkájában, mint már többször (*Système pénitentiaire aux États-Unis*, melyet Tocqueville dicső barátjával együtt, és *Marie où esclavage aux États-Unis*, melyet maga írt) nemcsak mély tudományának s írói tehetségeinek adá bizonyítványait, hanem annak is, ami ennél többet ér, hogy lelke az emberiségért lángolni, szíve fájdalmainál érezni tud.

We can say that the mere existence of such laws, no matter how erratically enforced, was enough to eradicate any noble sentiment in its subjects. In this connection, let me quote another work [51] that I heartily recommend to all those seeking more information about Ireland; I can think of no other work that offers as much factual information and clear insights, and reflects my own convictions: Beaumont says:

'I pity the man who believes himself free because he is not imprisoned, when a law exists which permits his imprisonment. Far from admitting that the suspension of bad laws allows some happiness to the people, I say, on the contrary, that bad laws are never so pernicious as when they are dormant. There is no tyranny worse than that which moderates itself to become supportable. A government erected for oppression, and which does not oppress, is a deceiver and a liar; and it is to be reproached with the additional vice of hypocrisy. If the penal laws against the Catholic worship had been so faithfully executed as those of which spoliation was the object, they would have driven the Irish to revolt, who, in vindicating their religion, would have reconquered their other rights. But it is one of the most dangerous acts of tyranny, to choose among its instruments those which plunder without wounding.

'It must never be forgotten that a fact, however grave,

51. *L'Irlande sociale, politique et réligieuse* by Gustave de Beaumont [Paris, 1839]. Unfortunately, this work came to my attention only a month or two after I had finished the first draft of this paper. I confess I would have considered my work wasted effort – in which I'd seen my research come to rather nice fruition – if it had not enabled me to appreciate properly Beaumont's report in which, like several times before (*Système pénitentiaire aux États Unis*, written with his famous friend [Alexis de] Tocqueville, and *Marie où esclavage aux États Unis*, written by himself), he gives ample evidence not only of scholarship and literary talent but of something else that is even more precious: a soul that flames for humanity and a heart that is full of feelings.

„Nem kellene elfelejtenünk soha, hogy a tett a jognál sokkal kisebb fontosságú, mert a tettnek holnapja nincs.

Az, ki, mert a dolognak birtokában vagyon, a jogot nem bánja, azon háziállathoz hasonló, mely ha eleresztetik, magát szabadnak gondolja, s ostoba bámulatot mutat, midőn ura ismét visszaköti láncára.

„Ha igazságos törvények kormánya alatt vasba veretem, védve érzem magamat szabadságomban még azon tett által is, mely tőle megfoszt; a törvény, mely tömlöcbe zár, meghatározza egyszersmind a napot, melyen ismét szabad leszek, s a törvény büntetni fog mindenkit, ki személyemet törvénytelenül sértené. – De mily szabadság az, mellyel csak azért élek, mert zsarnokomnak éppen úgy tetszik, mert nem akar tőle megfosztani? az, ki szabadon elalszik, csak egy más ember jószívűségében bízva, megérdemli, hogy mint szolga ébredjen fel."

Nincs mit e szavakhoz tegyek, mint az, hogy az irlandi nép sorsa bővebben igazolja állításait.

Mert ha egyrészről bizonyos, hogy azon törvények, melyek közvetlenül a vallást s annak gyakorlatát érdeklék, Irlandban soha egész szigorúságukban nem gyakoroltattak; bizonyos az is, hogy a népnek elnyomása soha a törvény szigorú rendeleteihez szorítva nem volt, s valahányszor az uralkodó párt érdekei kívánák, kegyetlenebbül űzetett, mint azt maga a kemény törvényhozás kíváná.

„Irlandban – így szól Young Arthur – a birtokos, kinek jószágát katolikusok lakják, zsarnok, ki minden viszonyában, melyekben alattvalóihoz áll, csak önkényét követi... Nem képzelhet oly parancsolatot, melyet szolgái s tőle függő jobbágyai nem teljesíteni mernének. Ő csak a legtökéletesebb engedelmességgel elégszik meg. Ő botjával vagy ostorral bátran büntethet mindenkit, ki csak legkisebbé sértené személyét. – A szerencsétlen, ki ellentállna vagy csak egy mozdulattal védelmezné magát, azonnal leveretnék. Leverni egy embert Irlandban oly dolog, melyről itt mindenki, angolok

is far less important than a right, for a fact has no to-morrow. He who is indifferent to the right, because he is in possession of the fact, resembles some domestic animal which believes itself free when set loose, and exhibits stupid astonishment when the owner comes to replace the chain.

'When, under the empire of just laws, I find myself loaded with chains, I feel my liberty protected by the very act which deprives me of it; for the law which casts me into prison, fixes the day when I shall come out, and punishes any who would illegally detain my person. But what is a liberty which I enjoy, only because it does not please a tyrant to take it away? The man who goes to sleep, trusting his freedom to the faith of another man, deserves to awake a slave.'

I have nothing to add to these words, except that the fate of the Irish people amply demonstrates the truth of this statement.

It is true that on the one hand the laws directly and exclusively concerned with religious practices were never fully enforced in Ireland; it is also true the oppression of the people was never restricted to the scope of the already very tough laws; whenever the ruling party found it expedient, it went well beyond the provisions of the law in its cruelty.

Arthur Young says [*A Tour in Ireland*, 1780, vol.2, part 2, p.41]:

'The landlord of an Irish estate inhabited by Roman Catholics, is a sort of despot who yields obedience, in whatever concerns the poor, to no law but that of his will. ... A landlord in Ireland can scarcely invent an order which a servant, labourer, or cottar, dares to refuse to execute. Nothing satisfies him but unlimited submission. Disrespect, or anything tending towards sauciness, he may punish with his cane or his horsewhip with the most perfect security. A poor man would have his bones broken, if he offered to lift his hand in his own defence. Knocking down is spoken of in the country in a manner that makes an

által megfoghatatlan módon szól. Nagy tekintetben
álló férfiak bizonyossá tettek, hogy jobbágyaiknak nagy
része megtisztelve gondolná magát, ha az úr a jobbágy
nőjét vagy leányát ágyasának választaná: bizonyos jele
egy hosszú szolgaság romlottságának. – Még több:
hallottam beszélni több esetről, hol egyes emberek
életüktől fosztattak meg, anélkül, hogy ítélettől vagy
bírótól félni kellene. – Nincs utas, ki Irlandon átmenve
nem látott volna néha eseteket, hol egy gentleman inasai
egy egész vonal parasztszekereket erőszakosan az árokba
szorítottak, hogy urok kocsijának helyet csináljanak; mi
baj, ha a szekerek feldőlnek s eltörnek? a kár hallgatva
eltűretik; ha a megbántott panaszra kelne, ostorcsapások
hallgatásra fogják hozni. Ha egy szegény úr által magát
megbántva érezvén, bíróhoz merne folyamodni, maga e
panasz nehéz megbántásnak tekintetnék. – De a szegény
jobban ösmeri helyzetét, mint hogy ez eszébe jutna;
csak egy eset van, hol igazságot várhat: az, ha mellette
egy más gazdag felszólal; akkor ura védelmezi őt, mint
birkáját védelmezné, melyet ebédjére jelölt ki."

Irish Country Car, c. 1800

Miként is lehete másképp: nem űzé-e egy hatalmas párt
hat századig hallatlan önkényét e nép felett; egy párt,
mely idegenekből álla, mely nem a népből eredett, mely
nemzetiség s vallás által tőle elkülönözve, vele érintésbe nem

Englishman stare. Landlords of consequence have assured me, that many of their cottars would think themselves honoured by having their wives and daughters sent for to the bed of their master – a mark of slavery which proves the oppression under which such people must live. Nay, I have heard of anecdotes of the lives of people being made free with, without any apprehension of the justice of a jury. But let it not be imagined that this is common; formerly it happened every day, but law gains ground. It must strike the most careless traveller to see whole strings of cars whipt into a ditch by a gentleman's footman, to make way for his carriage; if they are overturned or broken in pieces, no matter – it is taken in patience; were they to complain, they would perhaps be horsewhipped. The execution of the laws lies very much in the hands of the justices of the peace, many of whom are drawn from the most illiberal class in the kingdom. If a poor man lodges his complaint against a gentleman, or any animal that chooses to call itself a gentleman, and the justice issues out a summons for his appearance, it is a fixed affront, [and he will infallibly be called out. Where manners are in conspiracy against law, to whom are the oppressed people to have recourse? It is a fact, that a poor man, having a contest with a gentleman, must – but I am talking nonsense – they know their situation too well to think of it;] they can have no defence but by means of protection from one gentleman against another, who probably protects his vassal as he would the sheep he intends to eat.'

How could it be otherwise? Not after six centuries of one group exercising unlimited and self-serving power over the people, one party consisting of foreigners, not one of them local, a group that is separated by nationality and religion, a group segregated by law, a group that rules by the right of conquest, a group that has enjoyed the protection of a great foreign power all this time. We saw this group willingly give up some rights, later the independence of its parliament, even the possibility of local legislation just so as to gain

jöhete, s miként első jogát elfoglaláson alapítá, úgy idegen hatalom által tartatott s védelmeztetett mindezideig. – Nem láttuk-e ezen pártot lemondani előbb egyes jogairól, később parlamenti függetlenségéről, sőt, külön törvényhozásának lételéről, csakhogy az erős Anglia pártfogását nyerje magának, s azt gondolhatnók, hogy ez mind ok nélkül történt? hogy a pápista, ki a felső- és alsóházban képviselve nincs, ki hivatalt nem viselhet, kinek neveléséről senki nem gondoskodott, ki igazságot keresve önvédelmére reformált ügyvédre szorult, ki reformált bíróktól, egy reformált jury ítéletétől függ, ki a grófság szükségeire reformáltak által taxáltatik, elnyomatni nem fog? hogy míg (mint Montesquieu mondja) örök tapasztalás: hogy minden ember, ki hatalmat bír, visszaélésekre hajlandó, s bennök annyira halad, míg határokat talál; csak az angolnak Irlandban nem volna szüksége ily határokra, csak ő maradna igazságos elnyomottjai iránt, csak őt nem rontotta volna meg az, mi a szívnek minden csábok között legveszedelmesebb: *a korlátlan hatalom!*

Vajon ki várhatná, hogy azon bíró, ki hasonlói s a nép között ítélve oly esetekben, melyekben ő csak bántott lehet, ítéleteiben igazságos fog maradni? Hogy míg egyrészről a vádlottnak nyelvét sem érti, s vele csak tolmács által szólhat, a másikról mindazok által, kiknek ítélete szívén fekszik, szigorúságra intetik, kegyetlen nem leend? Maga azon természetes irgalom, melyet Isten szívünkbe öntött, könnyen eltompul azok iránt, kiket természetes alattvalóinknak gondolunk, s érzéketlenségökre vagy romlottságukra számolva, sokszor igazságosnak gondoljuk azt, mi hasonlóinkra alkalmazva kegyetlennek látszanék.

Vajon ki várhatná, hogy ott, hol a grófsági taxák kivetése s használata egészen az angol privilegiált osztályra bízatott, kivetésükben csak az igazság, használatokban csak a közjó fog tekintetbe vétetni? hogy nagy befolyással bíró egyesek ezen befolyást nem fogják hasznokra fordítani; hogy közintézetek helyett nem fognak inkább oly épületek emeltetni, melyek az egyes grófságok provinciális hiúságát kecsegtetik; hogy nagy kereskedési városok helyett nem fognak egyes kastélyok jó utakkal öszveköttetni, egyszóval, hogy nem fog történni

the protection of mighty England. No one can entertain the notion that these things happened without a reason. It was only a natural consequence that the Papist who is not represented in either House of Parliament, who is not allowed to hold an office, who is deprived of education, who needs to hire Protestant lawyers for his defence, who depends on Protestant judges and jury, who is taxed by Protestant tax assessors for the benefit of a Protestant landlord, was always in a subjugated and oppressed condition. It's the old story: as Montesquieu said, everyone in power will test and stretch the limits of his power; there is no reason to expect the Englishman in Ireland to stay within reasonable limits, to be magnanimous towards the people he has the power to oppress, and to keep his heart immune to the seduction of the most dangerous thing in the world: *unlimited power !*

How can we expect a judge to be fair when his very position places him in association with the injured party, while the accused is already deemed convicted by society? For one thing, the judge doesn't even speak the defendant's language and needs an interpreter; for another, his betters, who gave him his position and who sit in judgment of his performance, urge severity. How can that judge not be cruel? Human nature dictates that the natural feelings of mercy that God planted in our heart will grow stale when we are confronted by those we consider our inferiors, and we see them as lacking in human sensitivity, perhaps even evil to the core. No wonder we give them the sort of justice we would consider cruel if applied to ourselves.

How can we expect the tax income to be fairly imposed and used for the common good, in a land where the levying of taxes and their use are entrusted entirely to a privileged English class? How can we expect influential individuals not to use their influence for their own benefit? Not to erect magnificent palaces for the vanity of the landlords instead of constructing civic institutional buildings? Not to connect their own great houses with sturdy roads instead of linking the mercantile centres? In a word, how can we expect anything else to happen than that which made the

mindaz, mi Angliában az irlandi nagyurak maleversatióit közmondássá tevé?[52] Mindez természetes; s habár törvény nem létezett, mely a reformált uraknak kastélyaikban külön tömlöcöket engedne tartani, melyekbe alattvalóikat önkényök szerint elzárák; habár az úrnak sehol azon jog nem adatott, hogy szolgáit s napszámosait korbáccsal büntesse: ha ez meg is történik,[53] a felelet terhe a törvényhozót éri, ki midőn egynek minden jogot s hatalmat átada, a másiknak nem hagya semmit, mivel magát védelmezhetné; s ha kínos egy országot oly állapotban látni, mint melyben Young Arthur 1778-ban Irlandot festé, bizonyára Anglia előre láthatá, hogy egy osztálynak korlátlan jogokat adni nem lehet anélkül, hogy alattvalóin határtalan zsarnokságot űzne.

El ne felejtsük, hogy Irland alkotmányos ország; hogy privilegiált rendjei a központi hatalomnak befolyást nem engednek; hogy bírói s tisztviselői a kormánytól függetlenek; s vajon csudálhatjuk-e, hogy ezen rendek önkormányokat – *selfgovernment* – önhasznokra gyakorolták azok ellen, kik e jogban nem részesülnek; hogy mihelyt egyszer *fictione juris* kimondatott, hogy Irlandban katolikusok nincsenek – természetesen, nem lévén polgári jogaik: egy privilegiált osztály, a szabadság álszíne alatt, századokig védelmezé zsarnok hatalmát; s hangosan szabadságról szólva, valahányszor a kormány által sértett, s a legnemesebb érzeményeket hordva ajkain, elfelejti, hogy alatta egy nép áll, melyet ő tiport földre, s melyre nézve az irlandi konstitúciónak megszüntetése egy örömnap volna, mert azon egyenlőséget állítaná helyre, mely ha a szabadságban adatik, boldogít, ha az elnyomásban, legalább vigasztal.

Mindez, még egyszer mondom, e törvényekből fejlődik ki, s éppen oly természetes, mint azon elszegényülés s elnyomás, melyet, mint ezen állapotnak szükséges következését, Irlandban találunk.

---

52. Grand jury jobs.
53. [Arthur Young, *A Tour in Ireland*, 1780. —Szerk.]

malfeasance of Irish landlords proverbial in England? [52]

All these happen as the natural outcome of the system; although there is no law allowing the landed proprietors to keep a prison in the cellar of their palaces where they can arbitrarily lock up their subordinates; although no gentleman is given the right to horsewhip his servants and labourers for punishment; [53] yet all these happen, and the responsibility lies with the legislature that empowered one class with all rights, and left the subject class without any right at all to defend itself. It is painful to see a country in the situation in which Arthur Young painted Ireland in 1778, but England should have foreseen that a class to which it gave unlimited rights would inevitably establish tyranny over those whom it had stripped of all rights.

Let us not forget, though, that Ireland was ruled by a separate constitution, that the central government could not exercise complete authority over its privileged classes, that its judges and administrators enjoyed independence. Is it any wonder that these groups used the system of self-government to their benefit and to the detriment of the disenfranchised lower class? As soon as the *fictione juris* – legal fiction – was established and proclaimed that Catholics did not exist in Ireland, as a natural consequence of this they lost all civil rights. The privileged class, under the cry of 'liberty', was able to protect its dictatorial power for centuries; and when threatened by the central government, they still protest their right to freedom with the noblest sentiments on their lips – while at the same time not caring that they are grinding under their feet the majority of Ireland's population. For those oppressed, the abolition of the Irish constitution [by Act of Union] might have been a great day of joy, a holiday, because that might have restored equality, which could bring happiness in freedom or at least consolation in subjugation.

Oppression and poverty had arisen from the old system of unjust laws, which is responsible for Ireland's present condition.

52. Grand jury jobs [*cf* Beaumont, *l'Irlande...* , vol. I, 1839, English ed.: pp340-343, 381-2; French ed.: pp.277-281, 374-5].
53. [Arthur Young, *A Tour in Ireland*, 1780, vol.2 part 2. —Ed.]

Sok volna még, mit állításaim bebizonyítására előhozhatnék, s miből talán még világosabban kitűnnék, hogy Irland rendkívüli szenvedései csak azon rendkívüli elnyomásnak tulajdoníthatók, mely alatt ezen ország századokig élt; de talán többet mondtam már, mint célomhoz szükséges vala, s mindenesetre eleget, hogy másokat e tárgyra figyelmessé tegyek: s berekesztésül még csak azon okokra kívánom figyelmeztetni olvasóimat, melyek miatt az angol kormány, minden iparkodásai mellett, e szerencsétlen állapoton még eddig nem segíthete, noha a törvények, melyek azt okozák, rég megszűntek; csak még egy tekintetet akarunk vetni a jövőbe: vajon nem derül-e egy szebb jövő e szerencsétlen hon felett?

A Pattern in Connemara. 1830s

There is much more I could bring up in support of my thesis – facts that would make it even clearer that the extraordinary misery this country is enduring lies in the astounding intensity of oppression it has suffered for centuries. However, I may have said more than was necessary to accomplish my objective and to make others aware of this subject. In closing, I want to remind the reader of the reasons why the English Government has failed to remedy the situation in spite of the efforts it has made, and even though the one-sided laws that had backed up the oppression are now long since obsolete. In effect, I want to join with the reader to look into the future and see if a better day may be dawning over the horizon.

Ancient Cross at Clonmacnoise, c. 1840

III

A boyne-i ütközet után† fél századnál tovább halotti nyugalomban látjuk Irlandot. A nemzet századokig küszködött s tűrt, mint soha nemzet nem szenvedett még; most fáradtan lepihent csatái után, szó nélkül hordva nehéz láncait. Az angolok örültek diadalmokon, a nemzet nem panaszkodék, nem álla ellent többé, s elnyomói biztosan éldelék tetteik gyümölcsét. – Igaz, hogy mindazon eszközök, melyek a vallás elnyomására használtattak, ez egyre nézve tehetetlenek maradtak; mert hála az égnek, vannak nemesebb részei lelkünknek, melyekre zsarnok nem bír hatalommal, s az elnyomás, mint mindenütt, úgy itt is hősöket alkota, de nem hódolatot; igaz, hogy a katolikus papság, körülfogva veszélyektől s árulóktól, kegyetlen büntetésekkel fenyegetve, vadállatokként kergetve, az első keresztények üldözéseivel visszanyeré erényeit is, s híven teljesíté szent kötelességeit, s habár városokban egyes elhagyott házakba, künn barlangokba, erdőbe vagy mocsárok közé szorítva, el nem hagyá üldözött híveit: de e fegyverek, melyek a hit hatalma előtt erőtlenül estek le, annál inkább hatottak ez ország alkotmányos állapotjára s polgári viszonyaira, s miután számos kivándorlások után a katolikus népességnek vagyonosabb része majdnem eltűnt,[54] miután majdnem minden katolikus kezek között létező birtok szüntelen felosztások s a protestáns birtokosok jószágaival való öszveolvadás által protestáns kezek közé került; az uralkodó párt joggal az ország urának hirdetheté magát, s nem volt senki, ki néki ellentmondana.

De a zsarnokságnak is megvannak határai, melyeken túl hatalma nem terjeszkedhetik, s az angol kormánynak át kelle látnia, hogy azon pillanat, melyben egy népet mindentől megfosztánk, melyben törvényes védelmére nem marad egy jog vagy engedmény, egyszersmind az, melyben legerősebb, mert szívét a kétségbeesés lelkesíti. Isten nem akará, hogy

---

† – és az eztkövető Aughrim-i csata 1691-ban, —Szerk.

54. Az így kivándorlott irlandiak nagyobb része Franciaországban kerese menedéket, olyannyira, hogy a francia hadi minisztérium könyvei szerint 1691-1745 között 450 000 irlandi halt meg francia szolgálatban.

III

After the Battle of the Boyne,† a deadly calm settled on Ireland for over half a century. While the British exulted, the nation that had struggled and endured for centuries – and no nation had ever suffered more – now rested wearily from battle, and endured in silence the weight of its heavy chains, no longer complaining and no longer resisting as the oppressors enjoyed the fruits of their deeds.

In spite of all their efforts, however, the invaders found no means of eliminating Catholicism. Thankfully, there are nobler parts of the soul which tyranny cannot reach; and as happened so many times in history, oppression created heroes, who would not give in.

Certainly the Catholic clergy were under threat. Yet while they were surrounded by traitors, at risk of cruel punishment, hounded like wild animals, and persecuted as the early Christians had been, they regained the virtues of those first Christians and faithfully carried out their sacred duties. In caves, woods, and marshes, and in abandoned houses in towns, they kept faith with their persecuted believers. But while the power of faith could not be defeated by enemy weapons, the civil state was changed profoundly. Wealthy Catholics kept emigrating and became nearly extinct.[54] Land that had been in Catholic ownership passed into Protestant hands, or was divided and re-divided incessantly into small holdings. The victors could boast they were masters of the country, and no one could contradict them.

But tyranny has its boundaries, beyond which its power cannot reach. The British Government had to understand that at the moment when a people is deprived of everything, when it has no protection of law by right or even by concession, that is when it is strongest, because despair inspires the heart.

† – and the subsequent Battle of Aughrim in 1691, —Ed.
54. The majority of Irish who emigrated this way sought refuge in France, so much so, that according to the registers of the French Ministry of War 450,000 Irish died in French service between 1691 and 1745.

népei szolgák legyenek e földön, s midőn egyrészről úgy
alkotá az elnyomottat, hogy ez bennszületett jogairól soha
egészen meg ne feledkezzék, elátkozá a zsarnokot, hogy meg
ne állhasson bűnös útjában; s hogy miután a jog majdnem
eltűnt e világról, miután nehéz időkben, mint a fának, mely
kivágatott, majdnem nyoma is elveszett, s csak egy kis magja
vesztegel a földön, maga az, ki e magtól fél, ne hagyja felejtve
pihenni, hanem el akarva rejteni, oly mélyen temesse, oly
szüntelen ássa körül, míg ismét csírázni kezd, diadalmasan
felnő, s gyümölcsözik.

Így vala Irlandban is, a nép nem tűrhette tovább
elnyomását, s végre mozogni kezde. – 1760 körül kezdődnek
az úgynevezett fejér-fiúk (whiteboys) első mozgalmai, s
ezen pillanattól a béke eltűnt ez országból. – Miként ezen
társaságnak szelleme, amint feljebb – ott, hol az irlandi
titkos társaságokról szó vala – látók, most nem politikus,
úgy kezdettől fogva mindig fő célja a birtoktalanoknak a
birtokosok elleni védelme vala. S habár az e társaságok által
véghezvitt bosszuló gonosztettek nagyrészint reformáltakon
követtettek el: az csak azért történt, mert a birtokosoknak
nagyobb része e vallást követé. – Hogy ezen tetteknek vallási
alapjok nem volt, mutatja az, hogy azon ritka esetekben,
melyekben az elnyomás katolikus papok vagy birtokosok
által okoztatott, a bosszú ezeken éppen úgy űzetett, mint
a reformáltakon; mutatja az, hogy 1764-ben oakboys neve
alatt az éjszaki grófságokban a reformált népesség éppen ily
társaságokká egyesült.

Hogy ezen társaságoktól Irland boldogabb jövőjét várni
nem lehete, sőt hogy mindezen gonosz tettek e szerencsétlen
népnek ínségét csak nevelheték, magából világos. A birtokjog
szentségét sérteni nem lehet anélkül, hogy az egész
nép ne sínlené következéseit, s a bizonytalanság, mely a
gazdagot éldeleteitől megfosztja, elveszi a munkátlanná vált
napszámosnak mindennapi kenyerét. – De e mozgalmak
tanúságot tettek arról, hogy Irlandban egy nép van, mely
szenved, s nem akarja tűrni többé szenvedéseit; s midőn az
amerikai elválás következésében 1774-ben Irland mozogni
kezde, miután a volontairek egyesülete 1782-ben az irlandi

God does not want his peoples to be slaves on the earth. He shaped the oppressed never to forget completely their innate rights, and cursed the tyrant never to settle in his sinful ways. But even when law almost disappears from the world, right will be restored. It is the same as when a tree is cut down and hardly a trace of it survives, yet one small seed on the ground will germinate, and the one who fears that seed, and is afraid to leave it lying around, will keep digging deeper and deeper to hide it; yet by constant digging, he helps it to germinate, and grow again in triumph and bear fruit.

So it was with Ireland. The people would not tolerate any more oppression, and finally began to stir. The year 1760 was when movements known as those of the Whiteboys started up, and from that moment, peace vanished from the land. The spirit driving these secret groups was not political – its aim from the beginning was to defend the powerless against the landlords. Most of their acts of vengeance were carried out against Protestants, but this was solely because most of the landlords were of that religion. It is clear that they were not carried out for sectarian reasons. On the rare occasions when the oppressor was a Catholic priest or landowner, he was then an equal target for revenge. Also, in 1764, in the Protestant counties of Ulster, similar Protestant groups, called Oakboys, were formed for the same purpose.

That these groups could not bring Ireland a happier future, and that the country suffered more because of their violent deeds is indisputable. One cannot breach the sanctity of property rights without causing harm to all the people of the land, and the insecurity that deprives the rich of their indulgences, also takes away the living of the worker who loses his job.

Such movements, however, made it clear that the Irish were a people who were suffering, and that they were not prepared to endure any more suffering. After America's War of Independence, Ireland started to stir, and in 1782, the group known as the Irish Volunteers called for the Independence of Dublin's Parliament from the English

parlament függetlenségét [55] e szavakban kimondá: „hogy földi hatalomnak Irlandban törvényeket hozni hatalma nincs, kivévén a királyt s irlandi közönségeket"; [56] magok az ország reformált rendei valának azok, kik a katolikusok ellen divatozott büntető törvényeket nagyrészint eltörölték.

Így engedtetett a katolikusoknak 1778-ban, még nem ugyan birtoki jog – nehogy a választásokra nagy befolyást nyerjenek –, de minden haszonbirtoknak megszerzése 999 esztendőre. [57] Így törültetett el azon jog, melyet elébb minden, a reformált vallásra áttért gyermek szülőinek birtokára azonnal bírt. Így változtatott meg azon törvény, mely minden katolikusnak egyenlő részekben való öröködését határozá.

1782-ben a katolikusoknak teljes birtokjog adatván, eltörültetnek azon törvények, melyek a katolikus isteni szolgálatot, a gyermekeknek katolikusok által való neveltetését, 5 fontnál többet érő lónak bírását tilták.

Eddig, mint láttuk, minden a törvényes úton történt, s habár, mint minden népmozgalomnál, egyes esetek forradalmi jellemet viseltek is magokon, az egész történeti jelenet szép s tiszta vala, s ki 1782-ben azon közlelkesülést látá, melyben a volontairek uniójában a nemzet minden osztályai egyesültek, – ki figyelmesen követé egyes lépéseit, melyekben e nemzet privilegiált osztályai a közjóért, önmagok felszólaltak, hontársaik elnyomása ellen; – ki olvasá a nemes határozatot, melyben annyi protestáns kijelenti: hogy mint emberek, mint keresztények s protestánsok örvendenek a katolikus hontársaik ellen létezett törvényeknek enyhítésén: [58] az nem nézhete öröm

---

55. Mióta VII. Henrik alatt a poynigi törvény által elrendeltetett, hogy Irlandban parlament össze nem ülhet anélkül, hogy összehívatásának oka s az általa megvitatandó törvényjavaslatok elébb az angol kormány által megvizsgáltatván, helybe nem hagyatnának, e függetlenség nem létezett.

56. 'That no power on earth, save the king, the lords and the commons had the right to make laws for Ireland.'

57. Mintha az emberek félnének egyszerre igazságosnak lenni.

58. Plowden I. 567.

Parliament [55] with the words 'That no power on earth, save the King, the Lords, and the Commons of Ireland had a right to make laws for Ireland.' [56] Subsequent to this, the all-Protestant Irish Parliament repealed many of the worst laws against Catholics.

A few years earlier, in 1778, Catholics were granted the right to take out leases for 999 years. Full property rights were not granted because of fears that Catholics would have too great an influence on elections,[57] but the Statute which provided that anyone in a Catholic family who converted to Protestantism would inherit all of the parents' property was repealed, as well as the Statute which determined that, if there was no convert to Protestantism, a Catholic's property had to be divided equally among the children on death.

Catholics gained full property rights in 1782, and the laws forbidding participation in the Catholic divine service, or the provision of Catholic education for children, or forbidding Catholics to own a horse worth more than five pounds, were revoked.

All of this had been achieved by legal means. Like all popular movements, there were elements of a revolutionary character, but by and large, it was what you might call a nice and clean historic achievement. Amidst great public enthusiasm in 1782, all classes were united. Some of the privileged spoke and acted against their own interests for the common good and to end oppression. Reading the noble declaration, backed by many Protestants, in which as human beings, as Christians, and as Protestants, they favoured the ending of laws directed against Catholicism,[58] no one could

---

55. This independence has not existed since it was ordered by Poynings' Law under Henry VII of England: that no Parliament in Ireland can be summoned unless the reasons for summoning it and the Bills to be discussed are examined and endorsed by the Parliament of England.

56. [Moved by Henry Grattan in 1780 and in 1782. —Ed.]

57. As if people were afraid to become righteous all at once.

58. Plowden, [Francis, 1749-1829] *The History of Ireland, from its Invasion under Henry II, to its Union with Great Britain*, 1812, [vol. II, 210].

nélkül a jelenre, reménytelenül a jövőbe.

De rövidek valának az egyezség napjai; ami nagy népmozgalmaknál mindig történik, az történt itt is: a nemes lelkesülés hamar szenvedéllyé vált, s midőn egyrészről a privilegiált osztály, mely elébb honszeretetből áldozott, később, látva a történetek kifejlődését, s szinte megbánva elébbi nemeslelkűségét, megállt: a nép, mely nem kegyes ajándékokat, hanem egyenlőséget kívánt, csak annyival dühösebben küszködék szabadságáért, mennyivel több reményekkel tölték keblét első kivítt eredményei. Mikor a havas csúcsán, nap sugárjaiban az első jég olvadni kezd, tisztán s nyugodtan folynak le első cseppjei, de terhök nő futásokkal, a kis folyam több s több havat ragad magával, míg az, mit fenn egy meleg sugár teremte, a völgyet mint lavina eltakarta; s ez sorsa a legnemesebb eszméknek néha, midőn egy népnél szenvedéllyé válnak; ez vala sorsa az első irlandi reformnak. – Ritka az egyes, ki miután győzött, meg tudna állni győzedelmében; nemzet, mely ezt tehetné, nem létezik; s ha az irlandi, miután parlamenti függetlenségét kivívá, ezt nem tudá tenni, nincs mit csudálkoznunk.

Már 1783-ban, midőn az irlandi parlamentnek reformja kéretett, gyengülni kezde azon egyezség, mely a volontairek egyesületét oly erőssé tevé. Való, hogy a parlamentnek organizációja oly rossz vala, mint azt csak képzelhetni; tagjainak egy része egyes birtokosok kinevezésétől függött,[59] egy része kormányi hivatalokat viselt.[60]

59. Midőn 1801-ben az irlandi parlament az angollal egyesíttetett, mindazoknak, kiktől egyes tagok kinevezése elébb függött, helyenként 15 000 ft st. rendeltetett kármentésül, mely célra 1 260 000 ft sterling fizettetvén, világos, hogy az irlandi legislatióban 84 oly követ ült, kinek kinevezése egyesektől függött.

60. Azon parlamentben, mely az uniót elhatározá, 76 tag találtatott olyan, ki vagy pensio vagy hivatal által a kormánytól függött.

fail to face the future with anything but hope.

But the period of agreement was not to last long, which always happens with such movements. Noble enthusiasms quickly became passions. One part of the privileged class, which had made sacrifices for the nation as a whole, came to be sorry they had given as much as they had and were no longer in favour of policies that promoted the general good. The people, on the other hand, wanted equality, not favours given to them as concessions, and so began a much angrier struggle for freedom, more hopeful and eager because of the first gains they had made. When the ice begins to melt on the snowy peak with the first rays of the sun, the drops are clean in the beginning and flow calmly. Yet soon the small stream becomes a flood as more and more snow is added to it, and an avalanche covers the valley. Sometimes this is the fate of the noblest ideas when they become the obsessions of a nation. This was the fate of the first period of Irish reform.

It is a rare individual who will call it a day after achieving a victory. There is no nation that can do so. If Ireland, after achieving some extra independence of parliament, regarded this as of small significance, that is hardly surprising.

Already in 1783, when the Irish Parliament was demanding more reforms, the earlier unity, which had been the strength of the Irish Volunteers, began to weaken. But then the character of the Irish parliament was as bad as it could possibly be. Some of its members were dependent on wealthy individuals,[59] some represented government agencies.[60]

59. When in 1801 the Irish parliament was united with the English parliament, £15,000 stg compensation was paid for each [disenfranchised 'pocket borough'] seat whose representation was in the gift of an individual [landowner], and since £1,260,000 stg was paid altogether for that purpose, it is clear that 84 members of the Irish legislature had been deputies picked by private individuals.
60. In the Parliament which voted for the Union, 76 members were dependent on the government, either through receipt of a pension or by virtue of holding a government appointment.

Megvesztegethetésén nem kételkedett senki,[61] olyannyira, hogy midőn a híres Grattan maga e parlament közepében felkiált: merjetek ellentmondani e megvesztegetésnek! – nem találkozott senki, ki ezt tenné; s mégis mindamellett, hogy a parlamentnek rossz organizációján senki sem kételkedett, midőn

THE IRISH PARLIAMENT IN 1780 [WHEATLEY]

az, mi előre vala látható, a reformnak ellentmondott; a nagy egyesület nem sürgeté kívánatát; ugyanakkor kerülvén vitatás alá a katolikusoknak tökéletes emancipációja, az uniónak reformált része, mely ezt nem kíváná, ki kezde hűlni hazafiúi hevében. De annyival hangosabban szólala fel a pápista sokaság, s főképp miután a francia forradalom kitört, miután az egyenlőség s szabadság szavai az irlandi kanálison áthatottak, s felindult nép kívánataiban nem ismere mértéket, reményeiben nem láta határt. – Minden, mi Franciaországban történik, Irlandban visszhangra talál. A nép szabadon kimondja szimpátiáját, Dublinban a Bastille ostroma ünnepeltetik; bankettekben a francia szabadságra köszöntik poharaikat a szónokok; mindenki megvetéssel szól a whigek lassúságáról s angol szabadságról, fennszóval hirdetve, hogy a kormánynak vagy minden elvét változtatni, vagy erőszakosan feldöntetni kell; egyszóval a szabad pártnak egykori vezérei, a nagy Grattannal, tőle visszavonulnak, s a nép, mely magát csalatva gondolván nem bízik többé szónokiban, lemond a reform reményéről, s revolúciót kíván.

Mit tehete Anglia ily viszonyok alatt? A vallásos gyűlölség, mely ez országban valóul vagy legalább

61. Jól tudjuk, így szól doktor Lucas, mibe kerültek a nemzetnek bizonyos honfiak, kik függetlenségök miatt elvesztvén pensiójukat, azt ismét visszanyerték; tudjuk, mennyit kelle így pensionálni, megfosztani, s ismét pensionálni, mindössze közel félmillió font sterlingig. — *Plowden.*

Bribery was endemic,[61] so much so that when the famous Grattan himself exclaimed in the middle of Parliament, 'Does anyone dare to deny there is bribery?' he found no one who would.

The corruption of Parliament undoubtedly obstructed reform, including discussion about the complete emancipation of Catholics, which most members did not want. The heat of patriotism cooled among Protestants. But the Papist majority remained aroused, especially after the French Revolution broke out and the words 'Freedom' and 'Equality' crossed first the English Channel then the Irish Sea. Its voice became louder and its demands limitless. Everything that happened in France, Ireland demanded too. The multitudes sympathised with the Revolution. Dublin celebrated the siege of the Bastille. Orators at special banquets toasted the Liberty of France, everywhere there was scorn for the tardiness of the English Whig, and loud proclaiming that the Government had to change its principles or be forcibly overthrown.

WOLFE TONE 1763-1798, A FOUNDER OF THE *UNITED IRISHMEN*, 1791

Some parliamentarians, who had been associated with Grattan previously, then ceased to back the liberal cause. The masses then lost trust in its orators, gave up the hope of reform, and wanted revolution.

So what could England do in these circumstances? The religious hatreds that once existed on this land, real

---

61. 'Dr Lucas explained...
"That many patriots arose upon this great occasion, while the funds were redundant in the treasury, is true. ...That some lost their places, some their pensions, for a while is certain; but that the chapping and changing, placing and pensioning, and replacing and repensioning these patriots, cost the nation about half a million [pounds sterling], is certain."'
— Francis Plowden, *An Historical Review of the State of Ireland*, (Philadelphia, 1805) vol. II, p.109.

színlelve ⁶² egykor létezett, elmúlt, kevesen valának

62. Óvakodni kell a történetírónak nemcsak az egyes, de egész korszakok tettetésétől; nemcsak az egyed, hanem nemzetek, egész századok hazudnak, s ki erre nem vigyáz, könnyen oknak fogja tartani azt, mi talán csak ürügy vala. – Ilyen a fanatizmus. Egy fél század előtt minden toll, mely csak mozogni tudott, ez ellen szállt harcba, s mintha az emberi nemnek mindig előítéletekre volna szüksége, s mintha a múlt őrültsége ellen csak egy új őrültség lobogója alatt lehetne harcba szállni, minden rossz, mi a középkorban elkövettetett, fanatizmusnak tulajdoníttatott.

– Én nem tagadom a fanatizmusnak hatalmas és sokszor káros befolyását, csak azon egy különbséggel, hogy e befolyást – legalább nagyobb részint – mint eszközt s nem mint indítóokot látom a legnagyobb faktumoknál. Mert vajon, kivévén talán keresztességeket s albigensisek üldözését, hol nem vala politikus visszálkodás vegyülve az egyházival? mily politikus vita nem végeztetett tranzakció által? s oly tranzakció által, mely mindig legalább nagyrészint éppen nem egyházi dolgokról rendelkezék? s vajon hacsak fanatizmus volna alapja ily viszongásoknak, s főképp ha az olyan volna, minőnek festetik, vajon miképp végződhetnének másképp, mint egy vagy a másik rész kiirtásával.

– De a vallás csak ürügyül használtatik. – A zsarnok érzi, hogy szándékai alávalóbbak, mint hogy a nép előtt megvallhatná, s hogy az erénynek legalább szavaival kell élnie. – Ezért csatáztatik családi viszonyokból eredett harcokban a nemzeti becsület s honi dicsőség szavai alatt, – ezért hozatik fel a vallás szent ügye, ha spoliatio céloztatik. A legnagyobb zsarnokság érzi fertelmességét, s palástot keres magának leghívebb, azaz legalábbvaló szolgái előtt is. De vajon a történetíró higgye-e ezt, s midőn például Erzsébet s Jakab, s Károly s Cromwell spoliatiót követ spoliatio után, s midőn korunkban a tory álnok ájtatossággal sóhajtozva a vallással védi dézsmáit, ne rántsa el arcaikról a csúf álorcát a jövőkor, s ne mondja az alávalóknak: ti nem hisztek, mert szívetek nem tud szeretni. Ti álnokul visszaéltek a vallás szent nevével, s az égre mutattok, hogy a feltekintő sokaság ne lássa, miként fosztjátok meg birtokától e földön; de a kor, mely utánatok jön, nem hallja az álnok szavakat, csak tetteitekről emlékezik, csak azon emlékeket látja, melyeket tinnen kezeitekkel emeltek, s szétdúlt hazátokat látva s boldogtalan népességét, elmondja átkát felettetek. – Az angol nép nemes és nagylelkű, s nem tűrte volna testvérnépe elnyomatását, azért kell gátot emelni közte, gátot, mely erősebb a puszta nemzetiségnél, s mely, mint a szín az amerikai fejér s fekete között, áthághatatlanul állhata a két felekezet között; csak azért említtetett vallása.

or pretended,[62] now were in the past. There were very few

62. The historian must watch out for pretences put up not just by individuals but by whole eras; it is not just individuals who lie but whole nations and centuries. Ignoring this simple fact, the unwary historian will accept the propaganda at face value instead of looking for the hidden agenda behind the lies. This is the insidious nature of religious zealotry. For example, half a century ago (motivated by its own prejudices) every pen that could crawl on paper went into war against the prevailing fanatic propaganda, as if the only way to fight the madness of the past was to fight it under the flag of a new form of madness; thus, every evil act committed in the Middle Ages was attributed to religious zealotry.

I don't deny the enormous and destructive power of religious zealotry, but in most major historical events, I see it only as an instrument rather than the true motivating factor. Except for the persecution of the Templar Order and the Albigensian heretics, in every conflict political motives were predominant over ecclesiastic ones. Every political dispute was settled eventually with a treaty that involved worldly affairs rather than religious issues. If religious zealotry alone had been the underlying cause in these conflicts – as the propaganda of the time would have us believe – they could have been settled only by the eradication of one side or the other. But religion was used only as a pretext, for propaganda purposes. The tyrant knows only too well that his motives are base and he has to hide them from the people behind moralizing phrases. This is how feuds within ruling families are fought under the pretext of national interest and national glory; this is how plunder is justified by the holy cause of religion. Even the most powerful tyrant is aware of his fundamental baseness and seeks a cloak to hide behind, even in front of his lowest subjects. Examining the plunder committed under Elizabeth, James, Charles, and Cromwell, and the spoils claimed by the treacherous Tory with pious appeals to religion, the historian must rip the garish mask of piety off the faces of these rulers, telling them: you have no faith, because your heart is incapable of love. You abuse the holy name of religion, you point to Heaven so that you can freely rob the people of their properties while their eyes are turned heavenward; but posterity will not hear your deceitful words, it will only remember your acts, it will only see unhappy people in their devastated homeland, and it will curse your names. A noble and magnanimous British people would not have tolerated the oppression of a brother nation [Ireland]; that was why an impenetrable wall had to be built based on religious rather than ethnic differences; the former are more divisive. Similarly, in America, skin colour is used to separate and divide the black and white populations.

Angliában, kik Irland állapotát ezen pillanatban aggodalom nélkül tekinték, s közöttök talán nem vala senki, ki minden való vagy színlett pápistagyűlölése mellett oly törvényeknek ellenszegezte volna magát, melyek által a szigetnek a béke visszaadatnék ismét. De az idő megszűnt, melyben ez engedmények által még lehető vala; – mert habár nagyobb csalódás nincs, mint azon uraké, kik mindig a történeti alaphoz ragaszkodva, mindent, mi nem szándékos, az ideológia nevével szoktak bélyegezni; mintha nemzeteknek, hogy biztosan álljanak, nem volna éppen úgy elvekre szükségük, mint az egyesnek; – van egy időszak, melyben az elvek nem segíthetnek többé, s ilyenben vala Irland most.

Az utolsó tizedben sok történt a katolikusok felsegélésére; a törvények, melyek vallások gyakorlata ellen egykor hozattak, nagyrészint megszüntettek; a bírhatási jog, melytől a nép nagyobb része századokig meg vala fosztva, visszaadatott; de vajon az annyi ideig elnyomott pápistának, kit százados zsarnokság mindenétől megfosztott, adott-e ez valódi birtokot? vagy csak annyi lehetséget annak megszerzésére? s midőn a kormány egyrészről oly keveset segíthete, nem látta-e máris száz meg ezer panasznak kitéve magát? nem kell-e általlátnia, hogy csak a jelen pillanat szükségeit tekintenie többé nem lehet; hogy oly törvény, mely csak a jelen bajok orvoslásáról gondoskodva, elvet nem foglal magában, melyen a jövő építhessen, többé nem segíthet, s végre csak oda vezetheti a nemzetet, hogy minden törvényhozási elvet elvesztve, századokig reformálva, többi bajaihoz még azon egyet nyerje – melynél törvényhozásnál nagyobb nincs –, *a bizonytalanságot.*

Az irlandi nép nem törvényeket kíván. Anyagilag szenvedett, anyagi éldeleteket akar; birtokától fosztatott meg, birtokot kér; százados elnyomás által koldussá vált, s látja mindenki, hogy miután rimánkodni megszűnt, rabolni fog kezdeni, s mit e népen századok vétkeztek, azt egy év vissza nem adhatja többé. –

Ez éppen nagy felelőssége minden törvényhozónak, hogy egyszer az igazság ösvényeitől eltérve, vissza nem mehet; minden, mit a törvényhozó tesz, bármi vétkes s igazságtalan

in England who could look at the situation in Ireland as it was then without anxiety, and even among those who hated Catholics, there was no one who would have failed to welcome a law which would have seen the island at peace again. But the time had passed when concessions could bring that about.

Peace was no longer possible. This was a great disappointment to those traditionalists who had been accustomed to dismiss as impractical any course of action which was innovative and had not been thought about for centuries; and of course it is true that nations share with individuals the need for principles to keep them on the straight and narrow path, but a period comes in which principles cannot help any more, and that period had now arrived in Ireland.

During the previous decade, much had been done that benefitted Catholics. Laws brought in to suppress Catholicism were largely repealed. The right to own property, denied to the Catholic majority for centuries, was given back. But after centuries of tyranny had robbed their forebears of their property and then continually oppressed Catholics, did the Catholics now regain actual real estate taken from them, or only the right to buy land?

Hundreds and thousands complained to the government about how little was being done to help them and the government could give no satisfactory response. It soon became apparent that it was not enough any more to deal just with the immediate problem – that a law which is drawn up to cope only with present difficulties, but which has no foundation in principles on which the future might be built, cannot be of real help; that passing reforms outside the framework of legislative principles can cause new problems and lead to *uncertainty* later on.

The people of Ireland do not want laws. They were deprived of things that were material, so they want material recompense. They were deprived of their estates, so they want lands. During centuries of oppression, they were forced to become beggars, and it should become clear to all that after they got worn out from begging, they would start taking by force. The vile deeds that were done to these people for

legyen, számtalan privát viszonyok alapjául vétetik; mitől egyeseket jogtalanul megfosztott, az polgárai által igazságosan csak a törvény birodalmában bíratik; s később vagy előbb a pillanatnak jönni kell, melyben, mint Irlandban ez időszak alatt, puszta koncessziók a népet többé ki nem elégítik, nagy változtatások a közrend felbontása nélkül lehetetlenek; s melyben a legnagyobb kormányzó előre láthatja a vészt, anélkül azonban, hogy kitörését meggátolhatná.

1798-ban az előre látott zendülés kitört; s amire annyi bizonyossággal számolni nem lehete, rövid küszködés után elnyomatott. – A francia had, mely a lázadóknak segedelmére vala jövendő, elkésett; a népnek birtokosabb része, elijedve a francia zendülés következéseitől, a lázadóktól vagy visszavonult, vagy éppen ellenök nyilatkozott. S így, noha a zendülés alatt, amint mondatik, több 300 000 embernél veszté életét, és mintegy 3 200 000 ft sterlinget érő birtok rontatott el: mindez mint egy szomorú álom ment át e népen, s csak az 1800-ban véghezvitt parlamenti uniót hagyá maga után.

ARMY REPRISALS AFTER THE 1798 REBELLION: 'A TRAVELLING GALLOWS', PITCH CAPPING, MOBILE WHIPPING POSTS [*WM. BROCAS, 1810*]

Való, hogy a pápista gyűlölés, mely az irlandi reformáltak között az előbbi század alatt már szűnni kezde, e szerencsétlen zendülés után új erőt nyert; való, hogy sok koncesszió, melyet a katolikusok lázadások előtt biztosan várhatának, most,

centuries cannot be undone within a year or two.

Legislators face a great responsibility. They cannot go back to undo what they have done. Whatever was brought into being by law, even if it was unjust and sinful, became the foundation for numerous private relationships. The property that some people were deprived of wrongfully by law, the law then gave to others. Sooner or later the moment has to come – as happened in Ireland during this period – when mere concessions will no longer meet the need of the people. Great changes are impossible without overturning the order of things, and even the greatest ruler may see a catastrophe coming, but be without the power to avert it.

The expected rebellion broke out in 1798, and after a short struggle, was quickly put down. The French army which was to assist the rebels was late in arriving and the property owners who had been on the side of the rebels – worried by the course of the French Revolution – either turned against the rebellion or were unwilling to assist it. And even though more than 300,000 people were killed, and the cost of property damage was at least £3,200,000 – when it was over, it seemed as if it might have been nothing more than a sad dream. A consequence of the rebellion was the Act of Union with Britain of 1800.

The hatred between the Catholic and Protestant Irish, which had been lessening for a century as reforms had been put in place, gained new strength after this unfortunate rebellion. Many concessions which, before the rebellion, Catholics had been expecting, were postponed to a far distant period. When the Act of Union was brought in, promises had been made about Catholic Emancipation, but these were not put into effect. Among the Protestant victors, fear had taken the place of a once loudly proclaimed sense of justice. However, no rights which had already been granted were taken away from the Catholics as a result of the Protestant victory. When the Catholic Committee got underway in 1810, first under John Keogh and then under Daniel O'Connell, they just took up the reform agenda from where it had been abandoned in 1798.

midőn a győzelem után a protestánsoknál a félelem s vele az egykor oly hangosan hirdetett igazságszeretet megszűnt, távol időkre halasztatott; s hogy maga azon ígéret, mely az unió alkalmával tétetett: hogy a katolikusok minden politikai inkapacitástól fel fognak mentetni – nem teljesíttetett; de igaz marad mindemellett, hogy a katolikusoktól a győzelem után sem vétetett el semmi jog, s hogy midőn 1810-ben a katolikus biztosság munkálatait elkezdé, Keogh János, ki azt akkor vezérlé, s később O'Connell, ott kezdheték honuknak reformját, hol az 1798-ban elhagyatott.

Nem szándékom e férfiúról bővebben szólni, kinek életrajza egy nemzet újonnan születését foglalja magába; Európában alig van talán egy ember, ki tetteiről elfogultság nélkül ítélne, s miként éppen egy vagy más vélemény szemüvegén át néz, ördögnek vagy istennek nem hirdetné a nagy agitátort; a jövő talán igazságosabb leend mind hibáira, mind érdemeire nézve; a jövő talán át fogja látni, hogy ő is ember vala, az emberiség hibáival küszködő, de *nagy* minden kicsiségei mellett; az idő, melyben róla ítélhetnénk, még el nem jött; most csak munkásságáról szólhatunk.

Bámulatra méltó a hatalom, melyet honja felett e férfi gyakorol; s ha van valami, ami századunkat azoktól, melyek ezt megelőzték, megkülönbözteti, ha valami találkozik szenvedésteli korunkban, minek említésénél az emberbarátnak szíve örömben emelkedhetik, az ember hatalma joggal ébresztheti ez érzeményeket. Szerény körben születve s nevelve, őt elődeinek neve, dús birtok vagy mi más még fényt szokott adni a világon, nem hívá fel a nagyszerű pályára; egy elnyomott honnak szegény polgára lépe fel az életben, s ha szívét önösség vezérli, nagy ügyvédi hír- s fáradságosan gyűjtött vagyonosságnál, melyet gyermekeire hagyhat, alig terjedhetnének továbbra legfellengzőbb reményei; s ím e férfi elfelejtkezik magáról nemzete fájdalmai között; e férfi elnyomott hontársainak ügye mellett szólal fel, s *naggyá* válik, *naggyá*, mint ember nem vala még; *naggyá*, csak mert szíve honjáért lángolni tudott, mert ajkai nemzete jogaiért szólni mertek; mert munkássága céljául nem ön javát; hanem önmagát a közjó eszközének választá; nagyszerű

It is not my intention to speak at length about the man whose biography is also the story of the rebirth of the Irish Nation. Maybe there is not a man in Europe who can judge his actions without some prejudice. Viewed through the prism of different religious beliefs, the great agitator O'Connell is seen by some as a god, some as the devil. In the future, men may look more objectively at his faults and merits. It may be seen that he was struggling with the flaws of humanity, but a *great* man after all, despite all his weaknesses. The time for final judgement on him has not yet come. Now we can just look at his achievements.

One must marvel at the power that this man exercises over his homeland. If there is anything peculiar to our century to distinguish it from those that preceded it, if there is anything in this time of suffering to raise our spirits, it is the power of this man. He should fill our hearts with joy.

Born and brought up in modest circumstances, not rich in possessions, and without a famous name, or anything else that would indicate he was destined for a great career, he was a poor citizen of an oppressed country. It might have been enough for him that he became a famous lawyer and amassed enough wealth to leave to his children; if self-interest governed him, that would have been his aim in life. But he thought instead about the sufferings of his country.

He spoke up on behalf of his oppressed countrymen, and became *great* – *great* in a way no one had been before, *great* because with a fiery heart his lips dared to speak for his nation's rights. This man chose not to work for his own benefit, but made himself the instrument of the common good. This is great and admirable. But in spite of all his efforts for the common good, he has achieved only slight success. In spite of his great merits and his reputation, Ireland's fate is not much improved. Although Catholic Emancipation was achieved in 1829, and although Whig governments have always regarded the quietening of the Irish problem as one of its main aims, the people of Ireland are still suffering, still do not see their lives as any easier.

ez s bámulatra méltó! de vajon nem kell-e szomorúan
elesmernünk, hogy mind e munkásságnak a közjóra nézve
még csekély sikere volt; hogy mindez érdemek mellett, mind
e hír után, mely általok szereztetett, Irlandnak sorsán még
segítve nincs; hogy noha a katolikus emancipáció 1829-ben
kivívatott, noha a whig kormány egyik legfőbb feladásának
tekinté mindig az irlandi népnek kielégítését; e nép még
mindig szenved, még mindig nem látja enyhülni sorsát,
olyannyira, hogy ki ezen országnak jelen állapotját tekinti,
azt talán még szomorúbbnak fogja találni, mint egykoron, s
mi ennek oka?

Oka maga azon harc, mely ez országban az elnyomás
ellen vívatik; oka maga az agitáció, mely által e nép jogai
visszanyeréséért küszködött; oka egyszóval azon forradalmi
állapot, mely ez országban létezik, s mely a jövőre áldást
terjeszthet, de a jelenben minden jólétet s biztosságot elöl. –
Mert vajon ott, hol szenvedelmek lázonganak, hol két párt
a kétségbeesés állhatatosságával jogaiért, életéért ví, lehet-e
jólétet várni? lehet-e várni, hogy a kezek, melyek most
rázák le bilincseiket, ha munkálni elég erősek volnának is,
nem bosszúért fognak emelkedni? hogy ott, hol a kormány
szimpátiákat nem gerjeszt, hol senki bizodalommal nem követi
tetteit; hol ereje csak tettleges s nem millióktól támogatott; a
közjó gyarapodni fog? Nagy egy nép forradalmaiban is nagy
lehet; lehet dicső s hatalmas magában anarchiája közepében,
hol mint a beteg, lázának egész dühével néha többet tesz, mint
természetes erejétől várni lehete; de boldoggá csak a nyugalom
áldásai között válik, csak kormányának közbenjárásával. S
vajon lehet-e ezt Irlandtól várni? – Elnyomva századokig,
megszabadítva végre részlegesen, mert a szükség kíváná,
elnyomva ismét, mihelyt a környülállások engedék: mi másban
bízhata e nép, mint önmagában; mi mástól várhatá szabadságát,
mint azon karoktól, melyek mindazt, mit szabadságból eddig
bírt, kivívták. De szomorú tapasztalások vigyázóbbá tevék a
népet; látá, hogy a harcok sorsa mindig bizonytalan; látá, hogy
a legigazságosabb fegyverek legyőzetnek, s hogy éppen belőlök
gyártatnak a legnehezebb láncok népek elnyomására, s nem
nyilvánosan emelé többé a pártütés zászlóját. – A törvények

Maybe their situation is even worse now than it once was. What is the reason for this?

The primary reason is the struggle being carried on in this country against oppression; and the other is the ongoing agitation with which this people have fought to regain their rights; in short the cause of the problem is the state of revolution that prevails here. It may eventually yield a better life in the future, but at present destroys a sense of welfare and security. How indeed can one expect to see prosperity in a land torn apart by rebellious passions and where the persistence of desperation keeps two parties at war for their own rights? Can one be surprised if these hands that now rattle their chains will not seek vengeance even though they would be capable of productive work? How can the public good of a country be advanced where the government is arbitrary, and generates neither sympathy nor trust, and is without the support of the general population?

A nation can be great in its revolutions, and glorious and enormous in its anarchy – in the same way a man who is afflicted by disease, and fuelled by fever to rage, can gather more strength and accomplish greater feats than was intended by nature; but a nation can achieve happiness only with the blessings of serenity and with the ministrations of its own government.

The big question is: can such a blissful state be realized in Ireland? Oppressed for centuries, then partially liberated out of dire necessity, and then oppressed again as soon as circumstances allowed: could this nation trust anyone except itself? How else could they win freedom except by the same arms that had won it for them in the past, for however short a time? Sad experience has taught them caution; they have seen time and time again that the outcome of battles is uncertain, they have seen that even the weapons of a just cause can be defeated and out of them are forged the heaviest chains for the subjugation of a defeated nation; so now the oppressed no longer openly raise the flag of dissent. The legal system grants them

egy jogot hagyának neki: *az egyesületek jogát* ; egy nagy férfi használni tanítá e jogot; s kik harcolni gyengéknek érzék

The Monster Meeting at Clifden, County Galway, 1843

but one remaining right: *the right of free association*. One
great man taught them to use that right. Those too weak

Daniel O'Connell in Foreground

magokat, szüntelen fenyegetésben keresék erejöket, melyben magok bízni, melytől elleneik remegni tanultak.

Van egy nagy oktatás az emberi nem történeteiben, melyre kevésbé szoktunk figyelmezni, mint kellene: az, hogy minden állhatatos törekvés célját végre eléri, s hogy nemzetek között mindig azok emelkedtek legmagasbra, vagy legalább azok értek el egy részletes felsőbbséget, kik helyzetök által bizonyos pályára szorítva, természeti változékonyságokban viszonyaik által gátoltattak. Róma, míg az olasz háborúk tartanak, Athene, míg nem uralkodik, az egyház, míg a világi hatalommal küszködnie kell, emelkednek; felérve zenitökre, tetteik szabadságokban állnak, s visszamenni látjuk. – Így lett elébb Holland, később a brit sziget a világ első tengerhatalmává; így lett a spanyol, míg a mórok ellen küszködött, a világ legvitézebb nemzete. Így váltak gazdagokká a zsidók, üldözve mindig s mindenütt, megfosztva birtokoktól, sőt személyes bátorság nélkül, olyannyira, hogy például a bretagne-i assisek 1239. a zsidók gyilkosai ellen minden panaszt tiltanak. Nem látjuk-e végre a XVI. században e népet a hatalom azon polcára emeltetve, hogy Livornóban a Medicaeusok hatalmának legszebb korában közmondássá vált: jobb a nagyherceget megverni, mint egy zsidót; ezen pénzen alapult hatalomra nem az emelte-e, hogy a zsidók a pénzkeresésre, mint egyetlen lehető életcélra, századokig kínszerítve valának? Így nyerték vissza végre az irlandiak az egy egyesülési jog által egész szabadságokat, csak éppen azért, mert egész tehetségök, keblöknek minden ereje csak ez egy jog gyakorlatában pontosulhatott össze. Ha vizet keskeny csőbe szorítunk, ahelyett, hogy természete szerint elszélednék, emelkedni fog; így az ember mennyivel keskenyebb körre szorítjuk, annyival magasabbra emelkedik ez egy kis ponton, mely szabadságának engedtetett, s melyről, mint az ugrókút, ha legmagasabb fokát elérte, ismét el fog terülni a neki rendelt rónán.

De míg egy nemzetnél e forradalmi állapot tart, míg az úgy nevezett békés agitáció minden elmét mozgásban, minden viszonyt függőben tart, addig a törvények áldó

for battle seek strength instead in the power of threat; that is what gives them hope and makes their enemies tremble.

History teaches us one great lesson which is less understood than it should be: namely that every steadfast human effort achieves its goal. Among the nations of the world, those that attained the most power, or that at least came to be counted among the powerful, those are the ones that are forced by circumstances to take a path that is strewn with obstacles to their development – obstacles of geography or of history – which they have to surmount. Rome while still mired in the Italian wars, Athens before it created an empire, the Church while it had to fight secular powers for her survival, all were in ascent, but once they reached their zenith and enjoyed freedom of action, they started to lag. This is how first Holland and then Britain became the world's foremost naval powers; this is how Spain while still fighting off the Moorish invader was the most heroic nation in the world. This is how Jews became rich, although persecuted everywhere and without respite. They were dispossessed of property, and in 1239 the laws of Brittany even prohibited any complaint against the murderers of Jews. And yet finally in the 16th century, we see the Jews elevated to such a position in the power structure that in Livorno during the last flowering of the Medici the proverb was born: it is better to beat up the Duke than a Jew. But this position of power was based on wealth, because Jews had no other course open to them than making money. And this is how the Irish, using the right to assembly, the only right given to them, managed to win other liberties as well, because all their talents, all their dearest aspirations had to be channelled in the exercise of this one and only legal avenue. Just as when water is forced through a narrow opening, instead of spreading wide as it would do naturally, it rises up instead – and that fountain, when it has reached its highest, is going to overflow the ground. With man, the more restricted the area to which he is confined, the higher he is going to rise in that small area – to a height where he can make use of his freedom.

On the other hand, as long as a nation lives in a state of revolution, as long as the so-called peaceful agitation keeps every mind busy and every relationship suspended, the

befolyásukat nem gyakorolhatják. S ha Irlandnak állapotja nem volna is oly szomorú, mint azt látjuk; ha népessége nem volna annyira elszegényedett; ha polgárjai között léteznék is azon középosztály, mely minden alkotmány legerősb talpköve; ha a nép nem volna is demoralizálva hosszú elnyomás által: [63] míg ez az állapot tart, sebjei nem fognak gyógyulni soha.

Csak ezen állapot megszűnésében fekszik tehát Irland reménye; át kell látnia végre az angol kormánynak, hogy Irlandot csak igazságosan lehet kormányoznia; hogy nép

---

63. Minden egyes történeti jelenet igazságos megítélésére mindenekelőtt szükséges azon korra tekinteni, mely azt megelőzte. Nem annyira jelen viszonyaik, mint a népek erkölcsi jellemei határozzák el állásokat, s ha néha a legrosszabb formák alatt népeket virágozva találunk, elég volna egy tekintet a múltba azon meggyőződésre, hogy minden jó s nagy más viszonyok alatt fejlődött. – Így ha sokszor a despotia védelmére hozatnak fel történeti adatok; ha Augustus százada említtetik, XIV. Lajos vagy Napóleon, s művészetek virágozása s a francia hatalom óriási kifejlődése e korokban; nem az-e oka azon tömjénnek, mellyel a korlátlan hatalom említésüknél megtiszteltetik, hogy historikusaink csak éppen a kort magát tekintik, s nem azon századot, mely megelőzte; mert ha ezt tennék, vajmi könnyű volna meggyőződni, hogy e magasztalt művészet s bajnoki erő sokkal nemesebb dolgok romjai felett virágzott, s hogy Augustus nagy költői s Napóleon hősei a római szabadság végharcai s a francia forradalom nagy időszakában nevekedtek. – Ha a despotiát első napjaiban mindig oly nagyszerűnek látjuk, s bámulva felnézünk azon emberekre, kik irányt adva nemzeteknek évek alatt véghezvitték, mit századok alig mertek reménvleni, oka nem a despotia, hanem az, hogy a szabadságnak örököse vala; miként a gyújtóüveg csak azáltal nyeri erejét, mert a nap elszéledt sugarait központosítja: úgy a despotia többnyire csak azért nagyszerű, mert nem magából fejlődött erőknek egy közirányt ád. De fordítsuk a nagy történetkönyv lapjait, s mi következik a fénypontok után? Augustusra Tibér, Nagy Károlyra a Karolingiak, XIV. Lajosra XV., Napóleonra a restauráció; oka, mert e korszakokban a korlátlan hatalom önnevelte emberekkel dolgozik, s csak azon erővel élhet, melyet önmaga a népekben kifejte.

blessings to be gained from the rule of law cannot influence the land. Even if its people were not as impoverished as we now see them, even if they were not as demoralized by the long history of oppression,[63] and even if among its citizens there existed a middle class, the cornerstone of any constitutional society – as long as Ireland stays in a state of revolution the country's wounds will not heal.

The only hope for Ireland lies in the ending of this tense situation; it is time for the British government to realize that it cannot rule Ireland without justice, that one nation cannot be the

63. The judicious evaluation of any epoch requires first the consideration of the epoch preceding it. Usually it is not the current conditions but the moral characteristics of the people that determine their course and expectations. If sometimes we find a flourishing culture under adverse conditions, we only need to take one look into the past to convince ourselves that everything great and good in history had its roots under a very different set of circumstances. For example, in defence of autocratic rule the following historical rulers are often cited: Caesar Augustus, Louis XIV, and Napoleon; during the rule of the first, the arts flourished, and the other two greatly expanded the power of France; however, I wonder if historians glorify absolute power when talking about the times of these autocrats only because they neglect to examine the century preceding them. If they did look back, they could easily ascertain that the much-admired art and the conquering heroes flourished on the ruins of much more noble things; the poets of Augustus made their names in the wake of the last battles for Roman freedom, and Napoleon's heroes were raised during the great French Revolution. If we see the first days of tyranny in a glorious light and we idolize the tyrants who were able to incite their nation to accomplish in a matter of years things that others would not have hoped to do in centuries, we are giving credit to tyranny for something it inherited from a period of freedom. A lens that can ignite a piece of paper gains its power by gathering the sun's disparate rays and focusing them; in the same way the autocrat becomes great by taking the strengths of others and forging them to one end.

One more thing: let us turn the pages of the great history book and see what comes after the high points. Augustus is followed by Tiberius, Charlemagne by the Carolingians, Louis XIV by Louis XV, Napoleon by the Restoration; tyranny feeds on what people have achieved by their own efforts and it runs on power it drains from the people under its rule.

a másiknak tulajdona nem lehet; s hogy az ég, midőn a két szigetet oly közel állítá egymáshoz, természetes frigyeseknek rendelé népeit, de nem alattvalóknak; át kell látnia, hogy a hatalomnak nagyobb veszélye nem lehet, mint az, ha szerfelett kiterjesztetik, s a népet láncokba vetve, önmagát megfosztja azon karoktól, melyek védelmében leginkább bízhatnék. – De át kell látni a nagy agitátornak is, vagy azoknak, kik őt követni fogják, hogy honoknak, miután jogait kivívta, nyugodalomra van szüksége, hogy mihelyt az igazság megadatott, a forradalomnak meg kell szűnni; hogy valamint szép vala nemzetök mellett felkelniök, valamint dicső vala hatalmas szavakkal a szabadság szenvedelmét felgerjeszteni, úgy jönni fog a pillanat, melyben honok javáért hallgatniok kell; nehéz feladás mind a két részről, nehéz a kormánynak legyőzni annyi előítéletet, kielégíteni annyi kívánatot, előre látni annyi szükséget; nehéz feladás azoknak, kik forradalmi munkásságok által oly hatalmasak valának, kiket népök imádott, s kik azon pillanatban, melyben munkásságokról lemondanak, ócsároltatni, számtalan középszerűség által bántatni fognak. De csak ez egyetlen reménye Irlandnak, s talán azok, kikre e nép sorsát bízá az istenség, meg fognak felelni hivattatásoknak.

Bármi nagy hatásúak legyenek is azon egyéb módok, melyektől Irland regenerációja néhányaktól váratik, elég közelebbről tekinteni e módokat, hogy meggyőződjünk, miképpen létrehozások vagy lehetetlen, vagy éppen csak azon békeállapot után lehetséges, melyet, mint Irland regenerációjának egyetlen hihetőségét, felállítánk. Három azon mód: az 1-ső egy, az angolhoz hasonló szegény-ellátás, a 2-ik a népességnek kivándorlás által eszközlendő kevesedése, a 3-ik gyárak által szaporítása a munkának s élelemmódoknak.

De vajon (miután az elsőről már elébb terjedelmesebben szóltam, s annak céliránytalanságát, mint reménylem, megmutatám) lehet-e a kivándorlásban nagy reményeket helyzeni? Nem szándékom az eszköz kegyetlenségéről szólani. – Ki hazáját szereti, ki csak egyszer élvezé azon

property of another, that Heaven ordained the peoples of these two close isles to join in natural wedlock and not in the subjugation of one by the other; it has to realize that there is no greater danger to power than its uncontrolled expansion – that by putting people in chains it deprives itself of an armed ally that it could muster for its defence in case an outside enemy were to threaten.

At the same time the Great Agitator and his supporters too have to realize that the homeland is badly in need of tranquillity after winning rights, and that when justice is restored revolution must come to a halt; they have to see that, as magnificent it was for them to raise their voices for their homeland, and as glorious as it was for them to arouse the love of freedom with impassioned speeches, the time will come when the good of the homeland requires them to stay silent. This is a difficult concession for both sides; it is difficult for the government to overcome so many prejudices, to satisfy so many different wishes, to foresee so many needs; and it is a difficult adjustment for those who have become giants through their revolutionary zeal and activity, who were idolized by their people, and who now in the moment of their retirement from public life will be subjected to deprecating remarks by the common folk. But Ireland's future is in the hands of those who have been selected by divine providence; it is hoped that they will fulfil their calling.

No matter how effective the methods proposed for Ireland's regeneration may prove to be, one close look at them will convince us of their infeasibility or impossibility, unless, as we said before, peace can take root in Ireland, which is a precondition for the country's revival.

We might look at three of the proposed methods: the first, a Poor Law such as exists in the British system; the second, a decrease of the population by forced emigration; the third, job creation by industrialization which would also put more food on the table.

I wonder though (especially in view of my earlier remarks on the first of these methods – a Poor Law – in which I hope I made clear its lack of suitability) if we can place much hope in forced emigration? Here I don't intend to linger over the cruelty of forced emigration.

Anyone who loves his homeland, anyone who has ever felt

boldogságot, melyet a hazának eszméje szíveinkben gerjeszt, ki csak egyszer érezé a fájdalmat, melyet távol honunktól a legkisebb emlék, mely szülőföldünkre int, kebleinkben gerjeszt, az érezni fogja, hogy ezereket kivándorlásra kényszeríteni nem más, mint ezereknek életi boldogságát egyszerre elrontani, egyszerre elrontani mindent, mi ez életben édes vala, egyszerre feldúlni minden reményt, mely az embert életének első éveitől férfi koráig fenntartá, elkeseríteni minden emléket, mely fájdalmait vigasztalá.

Az embernek szükséges a haza, boldogságára remények kellenek, s ha önösségének szűk körén végre átfutott, ha végre általlátá, hogy e rövid életben önmagának oly keveset lehet reményleni, hogy ez maga alig elérve csalódássá válik, mert vágyait ki nem elégíté: csak a haza az, miért reménylenie lehet; az embernek szükséges egy hon, melyért fáradnia, melyért halnia lehessen; szükséges egy név, melynek említésénél felhevüljön; szükséges egy darab föld, melyet magáénak nevezhessen, bár nem volna is más joga reá, mint hogy eldődei itt pihennek, hogy önmaga itt fog enyészni; s ki valakit ettől megfoszta, többet vett el tőle, mint a világ minden kincseivel adhatna. – De hagyjuk ezt, mit sokan úgyis az érzelgések sorába fognak számlálni. A népnek kenyér kell, ruházat, néha egy kis tánc vagy bor, a többi; – az, mit az emberi nem isteni bélyegének szoktunk nevezni, minden, mi az érzemény, gondolat világaiba tartozik, a népet nem illeti. De vajon ha ezt megengedjük is, ha az irlandi népben a honszeretet magas érzeménye nem találtatik, ha a kivándorlás senkinek fájdalmas nem leend; vajon lehető-e az?

Vegyük a dolgot praktice. – Irlandban közel 2 000 000 szegény találtatik; már felvéve, hogy egy hajón 1 000 ember költözhetik át (mi minden közönséges számoláson felül áll), s hogy így 100 000 embernek csak 100 hajó volna szükséges, hány év kellene, hogy ezen átszállítás, habár az egész hadsereg arra fordíttatnék, csak történhessék? s mégis nem volna-e szükséges, hogy ezen népesség kisebbedése egyszerre történjék? mert másképp mi való haszna lehetne e szigorú eszköznek? de nézzük

his heart light up with happiness just thinking of his homeland, anyone who, when stranded far away from his homeland, has felt the pain generated in his breast by the slightest fleeting memory of it, will feel that to force thousands to emigrate is to destroy their pleasure in life, to destroy everything that was sweet to them, is to rob them of all hope that had kept them going through life to ripe manhood, is to embitter the memories that should be a balm to every pain. Man needs a homeland and needs hope to experience happiness.

When man looks beyond his selfish interests and realizes that, in his short life, what he can hope to achieve is limited, and that when he does achieve his goals, he will feel a sense of emptiness afterwards – then it is only the homeland that gives him something real to aspire to. Man needs a homeland – just the name of which floods him with a warm feeling – for which he can labour and for which he can die if necessary; he needs a piece of land he can call his own, maybe not legally but by the right of having his ancestors buried there, and where he wants to rest some day. If he has this taken away from him, he loses more than all the treasures of the world could recompense.

But enough of this – some critics will find these thoughts too sentimental for serious consideration. The people need bread, clothing, sometimes a little dancing and wine, and other human desires arising from traits that might not bear the stamp of the Creator. Sentiments and concepts belong in the world of thought, and some would say that the common folk want to have nothing to do with them. But even if that were true, and even if the lofty love of homeland were not to be found in the Irish people and that emigration would not be an emotionally painful experience for them, the question of its feasibility still remains. Let's just take a practical approach to the problem. Ireland has about 2,000,000 people living in poverty: suppose one ship can carry 1,000 emigrants (that figure far exceeds the average) which means 100 ships are needed to transport 100,000 people; how many years would it take to accomplish the transfer even with the help of a whole army? Besides, weren't we talking about the expeditious reduction of the population? Otherwise, what's the use of this cruel method? So let's look

a költségeket. 1826-ban a költség, mely egy 3 személyből
álló családnak átszállítására szükséges, 60 ft. st-nek, azaz
minden személyre 12 ft. vétetik,[64] a tapasztalás e számolást
elégtelennek mutatá; már lehet-e feltennünk, hogy az
irlandi birtokosok ily terhet magokra vegyenek, mely
végre csak jelen, nagyrészint a népnek nagy számával
öszvekötött jövedelmeiket csonkítaná?
De vajon azon indusztriális kifejlődés, melytől
néhányan Irland jobb jövőjét várják, segíthet-e a nemzet
bajain? Vannak emberek, kik rosszul értett nemzeti
hiúságból nem akarván másoknak elsőséget engedni
semmiben, olyannyira megkedvelék a gyárakat, hogy
hazájokból minden mesterséges módokon gyári országot
kívánnának csinálni. – De vajon, ha ez sikerülhetne is,
vajon láttak-e ezen urak valaha gyárakat? vagy ha láttak,
oly kellemetesnek találták-e az állapotot, mely bennök
a munkásnak nyújtatik, hogy azt nemzetöknek másképp
merték ajánlani, mint legfeljebb orvosságként az éhenhalás
ellen? – Nézzük Angliát, felszíne 1831-ben 1 055 982 ember
által míveltetett, s így ez csak gyári ország; de vajon ha
Manchesterben azon nagy szomorú épületek egyikébe
bémene s a munkásokat nézé, nem kell-e kívánni minden
embernek, kinek szíve helyén van, hogy az agrikultúra
inkább 4 oly számot használna? s ha meggondolá a szegény-
taxákat, s ami nálok szörnyebb, hogy ily nagy áldozatok
mellett oly kevés szerencsétlenséget enyhíthet; vajon
kívánhatá-e még, hogy hazájának földmívelő népessége
erre jusson? – Valamennyi nemzetgazdák közül emberiebb
elveket nem fejte ki, mint Sismondi e szavakban:

„à nos yeux, nous n'hésitons point à le dire: la richesse
nationale, c'est la participation aux avantages de la vie *pour
tous*";

– miből világos, hogy gyári ország ily értelemben gazdag nem
lehet. – Lehetnek egyes kolosszális vagyonok (mi egyáltaljában
inkább annak jele, hogy egy sokaknak vagyonát magáévá

64. *Emigration commitee.* 3. report.

at the expenses. In 1826 it cost 60 pounds to transport a family with three children; that is, 12 pounds per person; [64] however, experience proves these figures grossly underestimated. In addition, the question remains whether the Irish landlords would be willing to accept this financial burden, especially for a project that would in the end lead to the reduction of their income in relation to the reduction of the numbers occupying the land.

Next let us look at industrial development: will it bring a better future for Ireland as so many expect? Is it indeed the panacea for its troubles? Some people, prompted by misguided national vanity and not wanting to be seen to lagging behind others, are so enamoured of factories that they insist on making theirs a country of factories by any artificial means. Apart from the question of whether that is practical, I would very much like to ask these gentlemen if they have ever seen a factory. And if they have, did they find the conditions inside pleasant enough for the labourers? Would they recommend it to their nation as more than just medicine against death by starvation?

Let's look at England; in 1831 only 1,055,982 people were engaged in farm work which makes this an industrial country. Going into one of those big and grimmest of buildings and observing its workforce, anyone with his heart in the right place would wish to see four times as many people engaged in agriculture. And considering that a higher poor rate has to be paid over there, he would see that all that sacrifice has alleviated very little wretchedness. Would such a visitor still wish the same fate for the agricultural population of his own country?

Among the economists of the world no one has come up with more humanitarian principles than Sismondi did in these words: [†]

'... to our eyes – we do not hesitate to say it – national wealth is the participation *of all* in the advantages of life.'

This makes it clear that a country of factories cannot ever be rich. It may have caused colossal fortunes to be made (which only signifies that someone has expropriated the wealth of

64. *Select Committee on Emigration in 1826*, third report, 1827.
† J.C.L. Simonde de Sismondi [1773-1842], *Études sur l'économie politique* (Paris, 1837) p.5.

152   *Szegénység Irlandban*

tevé), de közjólét soha, ha más okból nem is, legalább azon bizonytalanság miatt, mely minden gyári munkás feje felett szüntelen lebeg. A gyármunkás azt, mit produkál, nem emésztheti fel önmaga, s amiből élnie kell, azt mások produkálják, s így, ha nem tekintek is itt a kapitalista kegyetlenségére, sorsa mindig a csere lehetőségétől függvén, mindig bizonytalan.

Van egy szó, mely némely nemzet arisztokráciájánál igen szokásban van, az, hogy „önzsírunkban fúlunk meg", s mely más szavakra fordítva nem mást tesz: mint hogy alkalmok nincs az ország zsírját a külföldre kivinni, s miután ott más éldeletekért felcseréltetik, ily formában felemészteni azt, mit másképp másokkal kellene közleniök.

Ezen hibás nézet, melyet más nemzeteknél rosszul értett népgazdasági fogalmak szültek, Irlandban inkább a nép szerencsétlen állapotának következése, mely a jelenben oly szomorú, hogy mindent, mi még nem próbáltatott, reményként tüntet az emberbarát elébe. De vajon ezen gyáripar, mely a népnek ha nem is jólétet, de legalább élelmének biztosítását ígéri, lehetséges-e Irland jelen állapotában? ha elvonatkozunk is attól, hogy a gyárak csak belconsumtio által virágozhatnak, s hogy ezt annyira elszegényedett országban, mint Irland, reményleni nem lehet, vajon várhatjuk-e, hogy itt, hol biztosság nem létezik, hol minden birtok szüntelen megbántásoknak célja, hol egy hatalmas agitátor egyszerre a munkától minden kezet

Manchester in 1840 — "Cottonopolis"

many others) but it has caused no advance in the common good, if for no other reason than for the uncertainty that hangs over the head of every factory labourer. The factory labourer cannot consume the product he produces; others have to produce whatever he needs to survive. Even putting aside the cruelties of capitalism, his fate, being dependent on this sort of commerce, must always be uncertain.

There is a saying that is very much in vogue among the aristocracy of every nation nowadays: 'We're drowning in our own fat'; which broadly says: 'We cannot export what we produce, because other countries are producing enough to meet their own demands, so the producing country has to consume its own excess.' The markets do not exist which would allow the benefit of this production to be shared among the people generally.

This misguided view about industrialization in Ireland, born out of a misunderstanding of the economic concepts of other nations, has been raised in Ireland for reasons specific to that country. It is the direct result of the miserable situation of the people, which is so desperate at the present time, that to a compassionate man, any new approach not yet tried here represents a cause for hope.

In addition, aside from the question of whether manufacturing can deliver a better standard of living in Ireland, or if it could even end starvation there, we must ask if it is in any way a realistic possibility in Ireland in its present state.

For one thing, there is usually some local consumer demand for the products of manufacturing, but there is no demand whatever in a nation as impoverished as Ireland. For another, in a place that has not known stability for some time, where real property is the constant target of expropriation, where a charismatic agitator can at any moment stop the work of every pair of hands, where, the way things stand as we have seen them in the past 20 years in Ireland, no one in his right mind would build factories. Social stability is the vital precondition for every form of industry; once that is restored in Ireland, industry may grow as a natural consequence of a better standard of living. The reverse process is just wishful thinking, based on an impossibility.

Thus the first order of business is to restore stability, security,

elvonhat, hol egyszóval, az történik, mit 20 év ólta Irlandban látunk, gyárak támadni fognak? minden iparnak csak biztosság éltető ereje; s csak ha ez Irlandban helyreállt, támadhat, mint a jobblétnek következése, az, mitől a jólétet várni nem más, mint egy lehetetlenségre alapult remény.

Helyre kell tehát állítani e biztosságot, helyre kell állítani az igazságot, mely nélkül nyugalom s biztosság nem létezhetik, s csak akkor kerülhetnek jobb napok Irlandra. De nem utópia-e ezt reményleni? én úgy tartom: nem! Egy idő óta az elmék a társaságnak új organizációjáról kezdenek gondolkozni, egy fertály század alatt több szisztémát láttunk feltűnni s elmúlni, mely, habár módjaiban fellengző s túlságos, végcéljaiban mindig nemes vala. Mit jelent ez? az emberek változékonyságát, szól az egyik, mert csak általa ingereltetünk új kombinációkra; az új szisztémák lehetetlenségét, szól a másik, s igaza lehet; de véleményem szerint leginkább azt, hogy korunk emberszeretőbbé vált, hogy a közjó s minden embernek boldogítása nem az emberbarát kedves álma többé, melybe a szomorú életből néha visszavonul, hanem fenséges célja, mely után egész erejével törekszik; hogy az emberi nemnek új szükségei támadtak, melyek a mostani formákban kielégülést nem találnak; s hogy e formák változni fognak; mert az ember, bármily gátak állíttassanak elébe, végre szükségeit mindig eléri. – Mikor, hány század után? ki tudja ezt! de hogy elérni fogja, hogy késő ivadékainkra jobb napok várnak, teljes meggyőződésem. – Az emberi nemet nem tarthatja fel senki haladásában. Bármi dühöngve rohanjon az egyes folyam a tenger dagálya ellen, a lassan emelkedő végre visszanyomja gyenge ellenét, s medrébe el fogja önteni árjait.

Tekintsünk vissza a múltba, s ha az igazságot nem látjuk is győzve még, ha tanítóinak nem volt is még más apoteózisa, mint méregpohár és keresztfa, nem látjuk-e mindig az elnyomatás alatt is elölhetetlenül továbbterjedni az igazságot? nem látunk-e minden korban, minden népnél egyeseket, kik, mint az emberi nemnek Isten rendelte tárnoki, keblökben hordozzák a kincset, mely egykor az egészet boldogítani fogja? s ha bizonyos eszmék minden üldözésnek ellenére tovább léteznek, ha az emberi nem által minden institúciónak alapjául fogadtatnak – mert mi nem

and justice; without them peace and confidence cannot exist, and neither can better times for Ireland.

Isn't this though hoping for utopia? My firm answer is: no! In recent times great minds have been imagining a fundamental re-organization of society based on new ideas; in the past quarter century we have seen numerous new systems expounded and then forgotten, most of them too impractical and extreme, but all of them noble in purpose. What is the meaning of this trend? Some say it is the suppleness of the human mind that prompts us to seek new arrangements. Others say it has shown that there is no possibility of new systems, and they may be right, but to me it all shows that our age tends to be more compassionate; the common good and the right of everyone to happiness is no longer the fond dream of the humanitarian, in which he seeks refuge from sad reality, but it is a real goal that is being pursued with great determination.

He sees mankind, now beset by new needs, that cannot be satisfied within the arrangements of the old social structure which are therefore ripe for change, because man, regardless of the obstacles placed before him, will eventually find a way to satisfy his needs. When? How many centuries will it take? Who can tell? But I am convinced man will find a way, and that better days are in store for our posterity. No one can hold back the progress of the human race. No matter what raging torrent drives a river to the sea the rising tide of the ocean will push it back into its riverbed and flood its streams.

True, looking back into the past, we don't often see truth triumph, and we don't see our great teachers find better reward than the poison cup and the cross, but at the same time I ask: don't we also see truth trickle and spread undefeated even under the worst oppression? Don't we also see in every epoch, in every nation, a few individuals emerge who, like humanity's keepers-of-the-flame ordained by God, carry in their breast the golden principles that will one day bring joy to all? So long as some ideals persist in spite of persecution, and even are used by man as the cornerstone of his institutions – even if in some cases mere lip service is given to them – can we, must we, give up our hopes?

For some time now morality has been marching forward

hazudna legalább morális s emberszerető elveket –, vajon le kell, le lehet-e mondani reményeinkről?

Egy idő óta szembetűnő léptekkel halad a moralitás az emberek között; az erény s vallásosság nem gúnyoltatik többé, az erkölcstelenség elveszté legalább szemtelenségét, maga a gonosztévő emberibb lett. Századunknak egyik legnagyobb gondolkozója, Bentham, diadalmasan megmutatá a haszon s erkölcsiség, azaz: érdem s jutalom együttségét; egymás közti kármentesítő társaságok által az egyesek érdekei mind inkább öszvefolynak, s miután a rabszolgaság az angol gyarmatokban megszűnt, Irland, úgy tartom, nem sokáig várhatja jogait.

Hogy ez ország javára az utolsó fél században sok történt, láttuk: hogy ez engedmények, legalább ami az egyeseket illeti, siker nélkül nem valának, minden, ki ez ország viszonyait ismeri, tudja,[65] s úgy tartom, ha

---

65. 1778-ban csak nyolcvan katolikus földbirtokos vala törvényesen elösmerve Irlandban; ma nem lehet az egész ország egytizedénél kevesebbre becsülni Irlandban a katolikus birtokot. Sok katolikus, ki földet maga nem bír, mint adott pénzének hipotékájára, joggal bír jószágain.

Negyven év előtt a katolikusok az ügyvédi hivatalokból kizárattak, most többségben vannak. A katolikusok kereskedése, mely egész Irlandban e jelesen a nagy városokban, mint Belfast, Dublin, Cork, Limerick és Galway virágzó, már roppant kapitálisokat teremte. Csak egy adat is elég e virágzásnak bebizonyítására: az, hogy már 1829-ben az irlandi bank tőkéjének kilenctizede katolikusok által bíratott.

— *Beaumont: l' Irland.*

1829, 1830, és 1831-ben 2 448 000 ft sterling adatott irlandi jószágokra hipotékában, s e pénznek nagy része katolikusok által kölcsönöztetett.

The great portion of lenders upon judgements [*those who have registered unpaid debts as a charge on a property —Szerk.*], are the middle classes, shopkeepers, persons who have been in trade, and who reside in the country towns, – Roman catholics principally; and in the transfer that is now going on, there is a great deal of landed property going into roman catholic hand on account of the nature of the incumbrance. —*Tithes in Irland*

[—Beaumont, Gustave de, *l'Irlande sociale, politique et religieuse*, vol. 2, 1839 (3rd ed.), pp. 69 & 306]

with unmistakable steps among people; virtue and religion are no longer subjected to jeers, immorality has at least lost its brazenness, even evildoers have become more humane. Bentham, one of the leading thinkers of our century, has pointed out that there can be a relationship between profit and morality, between merit and reward. Mutual insurance companies, for instance, benefit both parties; and since slavery was abolished in the British colonies, Ireland too should soon regain its rights.

It is undeniable that a lot has happened in Ireland's favour in the past half century. The concessions granted have brought success at least for some individuals, as everyone with some familiarity with the conditions in this country knows.[65] I strongly

65. Gustave de Beaumont, *l'Irlande sociale, politique et religieuse,* 1839:
   En 1778, il n'y avait que quatre-vingts catholiques qui fussent officiellement reconnus propriétaires fonciers ; aujourd'hui il est difficile d'estimer à moins d'un dixième du sol la propriété catholique en Irlande ; beaucoup de catholiques qui n'occupent pas la terre ont d'ailleurs des droits sur elle par les hypothèques qui leur sont données en garantie de prêts d'argent. † Il y a quarante ans, les catholiques étaient exclus du barreau, où ils sont maintenant en majorité. Le commerce catholique, florissant dans toute l'Irlande, et principalement dans les grandes villes, telles que Belfast, Dublin, Corke, Limerick et Galway, a déjà produit d'immenses capitaux. Un seul fait suffirait pour prouver son importance et sa fécondité : c'est que déjà, en 1829, les neuf dixièmes des fonds de la banque d'Irlande appartenaient à des catholiques.
   † *Pendant 1829, 1830 et 1831, il a été donné des hypothèques sur les propriétés foncières en Irlande pour 2,448,000 liv. sterl.*
   —*Tithes in Ireland*, Commons, II, 1832, [p.502] ; *extrait :*
   [Evidence of P. Mahony, Esq. 27 March 1832:
   —You stated that seven-tenths of the estates in Ireland belong to Protestant owners; from what class of persons have they generally borrowed in encumbering their estates?] —
   The great portion of 'lenders upon judgments' [*those who have registered unpaid debts as a charge on a property —Ed.*], as far as my experience extends, are the middle classes, shopkeepers and persons who have been in trade, and who reside in the country towns.
   [—Of what class of religion are those generally? —In the south of Ireland,] Roman-catholics principally, and in the transfer that is now going on, there is a great deal of landed property going into Roman-catholic hands [on account of the nature of the incumbrance I have been referring to].

igazságtalanok lenni nem akarunk, várhatjuk Angliától, hogy nemes ösvényén továbbhaladni, várhatjuk Irlandtól, hogy miután jogait kivítta, megnyugodni fog. Az igazság pályáján is csak az első lépés nehéz; s az irlandi nép, mint mindenik, lázong s pártoskodik egy ideig, még akkor is, ha jogait már kivítta, – de nem sokáig.

(J.F.T. CRAMPTON, *c*.1830)

believe, if we don't want to be unjust to England, we can expect it to continue its progress in the direction of righteousness, and we can expect Ireland to settle down in peace after winning its rights. It is only the first step that is difficult on the path of justice; the Irish people, like others, may rebel and continue to fight for awhile during the achievement of their aims – but not for much longer.

(WM. BROCAS, *c.*1820)

"I AT ONCE REJECT THIS DECLARATION; PART OF IT I BELIEVE TO BE UNTRUE; AND THE REST *I KNOW* TO BE FALSE."

O'CONNELL REFUSING THE OATH OF SUPREMACY AFTER HIS ELECTION AS
M.P. FOR CLARE IN 1828

PUBLISHER'S BACKGROUND NOTES

This first complete translation of *Poverty in Ireland* by Baron József Eötvös is intended as much for those who have no knowledge of Irish history as for those who have a deep knowledge of it. The following are publisher's notes, relying on (and containing extracts from) House of Commons documents and other contemporaneous publications, on the historical matters referred to in Eötvös's text.

1829 CATHOLIC REPRESENTATION

The oratory of Daniel O'Connell in his campaign for Catholic emancipation had drawn the attention of continental Europeans, including József Eötvös, to conditions in Ireland. O'Connell had been elected as M.P. for County Clare in 1828, but could not take his seat in the Westminster Parliament as he refused to swear the Oath of Supremacy, which acknowledged the King as head of Church and State.

The Catholic Emancipation Act of 1829 allowed Catholics (notably O'Connell) to enter Parliament without swearing the Oath of Supremacy. This was a development of huge significance, but many Irish Catholics lost out by it. Previously, Irish Catholics had the right to vote if they were at least '40 shilling freeholders' – i.e. if they held a lease of land for a fixed period (the duration of one or more lives), and if the net production capability of this land (after rent etc. had been paid) was at least 40 shillings (or £2) per annum. Under the new law, a voter had to be a £10 freeholder, so the number of eligible voters (with a total Catholic population of 6,237,000 in 1831) was reduced from 191,666 to 19,264.[1] These newly disenfranchised Catholics were doubly affected by the change in law as they became less useful to landlords (and therefore less secure in their holdings) after they lost their vote. There was no secret ballot then, so

1. House of Commons figures, *Irish Reform Bill* debate, June 1832.

landlords effectively controlled the votes of their tenants.

In 1837, when Eötvös wrote this essay, and in 1840, when he published it, O'Connell was still a major force; in 1843, however, O'Connell's last great public meeting, at Clontarf, would be banned, and O'Connell himself sentenced to a year in prison. He would be released after three months, but never regained his influence. In 1847, the worst year of the Great Famine, O'Connell appealed – without success – for help for Ireland in the House of Commons. He died that same year on his way to Rome.

1831-1838 TITHE WARS

The tithes were a 10% tax on most types of agricultural produce (including potatoes) which occupiers of land of all religions had to pay for the support of the established Protestant church. The tithes were generally resented, but intensely so by very poor Catholics who were farming at subsistence level. This group formed the vast majority of those in occupation of land, but they got no benefit from the tithes. The Protestant clergy – or those to whom they sold their tithes, known as 'tithe-farmers' – were entitled to collect in kind (goods/produce/cattle etc.) if the tithes were not paid. Resistance to the seizures for tithes (and ejectments for rent) was organized by the secret, oath-bound groups that had been active in the countryside since the late 18th century for the protection of tenants: the 'Levellers', 'Whiteboys', 'Friends of Captain Rock', etc.

Resentment of the tithes came to a head in 1831 when many people refused to pay, and considerable violence resulted. In

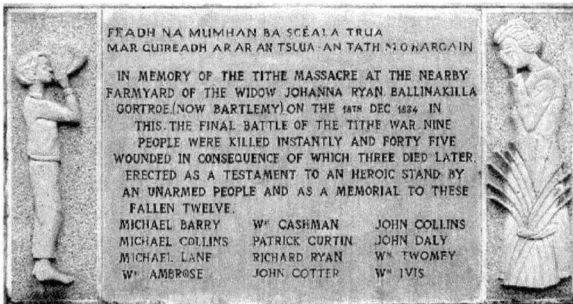

FEADH NA MUMHAN BA SCÉALA TRUA
MAR CUIREADH AR AR AN TSLUA-AN TATH MO HARGAIN

IN MEMORY OF THE TITHE MASSACRE AT THE NEARBY FARMYARD OF THE WIDOW JOHANNA RYAN, BALLINAKILLA GORTROE (NOW BARTLEMY) ON THE 18TH DEC 1834 IN THIS, THE FINAL BATTLE OF THE TITHE WAR, NINE PEOPLE WERE KILLED INSTANTLY AND FORTY FIVE WOUNDED IN CONSEQUENCE OF WHICH THREE DIED LATER, ERECTED AS A TESTAMENT TO AN HEROIC STAND BY AN UNARMED PEOPLE AND AS A MEMORIAL TO THESE FALLEN TWELVE.

MICHAEL BARRY	W CASHMAN	JOHN COLLINS
MICHAEL COLLINS	PATRICK CURTIN	JOHN DALY
MICHAEL LANE	RICHARD RYAN	W TWOMEY
W AMBROSE	JOHN COTTER	W IVIS

< PLAQUE ERECTED IN 1984, COMMEM-ORATING 1834 TITHE WAR VICTIMS

THE MASSACRE AT GORTROE   GORTROE, 1834

1834 at Gortroe, near Rathcormac, County Cork, soldiers and police killed 12 and wounded 42 in collecting a tithe of £2 from a widow. The incident received a great deal of attention in Britain as well as in Ireland because the decision to fire was reported to have been made by a clergyman magistrate.

The *Tithe Commutation Act* of 1838 reduced tithe amounts by about 25% and made them payable directly to landlords as rent. Tithes were ultimately abolished by the *Irish Church Act 1869*, which disestablished the Church of Ireland.

THE SECRET AGRARIAN GROUPS
'LEVELLERS', 'WHITEBOYS', 'BLACKFEET', 'WHITEFEET', 'TERRY ALTS', 'FRIENDS OF CAPTAIN ROCK', ETC. – GENERICALLY CALLED 'WHITEBOYS' AFTER THE MOST FAMOUS OF THE GROUPS

In the 1820s and 1830s, English newspapers (and English legislators) devoted a great deal of critical attention to the activities of secret agrarian societies in Ireland such as the Whiteboys. The purpose of these groups was to give some security to small tenant farmers and labourers – in particular to resist the eviction of subsistence tenants for failure to pay impossible rents or tithes. To achieve this, the groups used tactics of intimidation and reprisal (described by József Eötvös).

There were two points of view about these groups. Newspapers and landlords (and the political supporters of landlords) were ultra-critical of them. Others admired

them. The balladeer Thomas
Moore (writer of 'The Minstrel
Boy', 'The Last Rose of Summer',
etc.) published in 1824 the very
funny *Memoirs of Captain Rock*, in
which a fictional Whiteboy leader
lambasts the English occupation
of Ireland. Although pulling no
punches about English oppression
of the Irish, the book was a huge
best-seller in England.

THOMAS MOORE 1779-1852

Some English establishment
figures (who had sympathy for the Irish poor) also wrote
objectively and interestingly about the Whiteboys. One
of these was John Revans, who had been Secretary to the
Royal Commission into the Operation of the Poor Laws in
England and Wales, and later was appointed to the same
job when a Commission was set up to investigate poverty in
Ireland. His book, *Evils of the State of Ireland*, 1837, in which
he reproduced many of the interviews with and about the
poor conducted by the Royal Commission, is quoted from
extensively by Baron Eötvös.

About the Whiteboys and other secret societies, Revans
wrote:

> So strictly is it the fact that, if a law could be passed capable
> of preventing exorbitant rents and consequent ejectment
> from holdings under ten acres, the Irish people would
> form one of the most peaceful communities in Europe.
> Outrage upon person and upon property would be almost
> unknown among them. When the crimes committed in
> Ireland are enumerated, and the motives which lead to
> them are suppressed [in the British press], the peasantry
> appear to be actuated by the most savage feelings. But when
> the motives for their committal, and the mode of effecting
> these outrages are considered, they appear rather as cool
> and deliberate punishments, inflicted by a community
> upon those who had offended against the general laws
> of that community; – laws enacted not by the legislature,

but by a still more powerful lawgiver – public opinion …

So systematic and free from personal feelings are the outrages in Ireland as to want but the formal trial in order to give the whole proceedings the character of a legal punishment. It appears as though the legislature had omitted to provide for the wants of a society in one particular, and that society had privately filled up the omission.

The British Government worked relentlessly to eliminate the Whiteboys. Special Acts (sometimes titled *Tumultuous Risings /Coercion /Crimes Acts*, but popularly called 'Whiteboy' Acts) were passed almost annually from 1760 (targeting the Whiteboys mainly before the 1840s Famine, and other groups afterwards). The 1833 Act *for the More Effectual Suppression of Local Disturbances and Dangerous Associations in Ireland* was typical enough. It established martial law – in any part of Ireland the Lord Lieutenant deemed 'disturbed' – with curfews, the suspension of *habeus corpus*, the right of police/military to enter houses, the replacement of trial with court martial.

A frustrated George Cornewall Lewis – a trusted advisor of the Government (see below) and a believer in the absolute right of landlords – summed up the situation in 1836 in his book called *On Local Disturbances in Ireland*:

> The statute-book has been loaded with the severest laws; the country has been covered with military and police; capital punishment has been unsparingly inflicted; Australia has been crowded with transported convicts; and all to no purpose.

Cornewall Lewis, no friend of the Irish poor, saw the elimination of the Whiteboy groups as a priority if the value of the land of Ireland was to be realized by its landlords. Because of the protection provided by the Whiteboys, tenants could not be readily evicted and landlords were not free to use their property as they wished. (This desired outcome would only be realized in the late 1840s, after the potato crop failed, and harsh legislation, promoted by Lewis,

would facilitate the eviction and death of vast numbers of tenants.)

By far the most interesting picture of Whiteboy activities, however, comes from an establishment Irish figure who would have had regular personal contact with the Whiteboy groups. This was Sir Richard Griffith who, as Boundary Commissioner in 1825, oversaw the precise fixing of the country's townland and parish boundaries. Later, from 1848 to

RICHARD GRIFFITH 1784-1878

1864, as Commissioner for the General Survey and Valuation of Rateable Property in Ireland, he carried out the primary valuation of buildings and land of Ireland ('Griffith's Valuation') to determine Rate liability under the Poor Law Act. He was also responsible for the design and construction of roads in north-west Cork, in an area that had been a haven for Whiteboys. He had a residence in North Co. Cork at the time of the interview below, in which he answers questions put to him by the 1824 House of Commons Select Committee about his personal experience of Whiteboy activities:

'When you first went among them, had you any feelings of personal insecurity? —Never.

'Have you ever gone about armed amongst them? —Never.

'Is that the case with the middlemen of this district? —Some of the middle gentry go about armed, and some are attended by horse-police; I speak of the middle gentry; the higher order of gentry never go about armed; at least I have never met any who were.

'Do you think that altogether an imprudent precaution on the part of the middle gentry of whom you speak? —I think it may be very necessary for their protection; in general they are men who are obnoxious to the people, and they are more likely to be attacked than any other persons.

'Where is your residence in this district? —In the neighbourhood of Mallow.

'Is there any part of the district that has been more subject to disturbances than the spot in which your residence is fixed? —It is considered the most disturbed part of Ireland, and outrages took place within half a mile of my house.

'Is your house barred or bolted in the night in any particular manner? —No.

'Have you had your family there? —My family have resided there for upwards of a year.

'Have you had any fear of disturbance? —I have not.

…'Do you mean that you have a perfect sense of personal security in an open house?

—I have not the least fear; there was no system of robbery in the country; the apparent motives of attack were either political or revengeful, and consisted chiefly in burning corn-stacks and thatched houses, particularly those belonging to the better order of farmers or to the middle gentry who had committed some act obnoxious to the people; but I never considered myself in that light, and I have no apprehension in passing through that country in the middle of the night.

'Do you conceive that a stranger, for instance an English gentleman, travelling either from motives of curiosity or commercial speculation, would be in security or otherwise? —In perfect security.

…'You have drawn a great distinction between a person that has any thing to do with land and a person engaged in commerce and manufacture?

—A great one; a person engaged in commerce or manufacture is generally a favourite with the people.'

[*House of Commons report*, 1824, 230-233.]

Richard Griffith's house in Dublin (where he lived from 1835 until his death in 1878, and where Ireland's Valuation Office was first located) is at 2 Fitzwilliam Place. Today, it is the Embassy of Hungary in Ireland.

168   *Poverty in Ireland*

POOR LAW; POOR TAX;
POOR LAW UNION WORKHOUSES ('JAIL-LIKE BUILDINGS');
REPORT OF THE COMMISSIONERS FOR INQUIRING INTO THE
CONDITION OF THE POORER CLASSES IN IRELAND;
POOR LAW AMENDMENT ACT 1834 [FOR ENGLAND & WALES];
POOR RELIEF (IRELAND) ACT 1838

POOR LAW: The term 'Poor Law' has a misleadingly charitable
sound to it. At the time of Eötvös's visit to Ireland in 1837, it
was used as shorthand for a strange new regime, introduced
in Britain in 1834, under which a destitute person could look
for public help only by becoming an inmate of a Workhouse –
one of the 'new, jail-like buildings,' as Eötvös described them.
(A similar law was under consideration for Ireland in 1837,
and Eötvös, like many others, was highly critical of the idea.)

Even in Britain, (where jobs were plentiful and where
starvation did not regularly threaten a large part of the
population) the thinking behind the New Poor Law, (i.e.
Workhouses) was classed by many – including Charles
Dickens[2] and the London *Times* – as cruelty to the poor.
Nevertheless, an Irish Poor Law [*The Poor Relief (Ireland) Act,
1838*] was brought in the next year with provisions harsher
than those of the English law - and with deadly consequences.

The poor shunned the workhouses until the worst years
of the famine, and then, with no other relief available, vast
numbers died outside their gates while police protected the
overcrowded and sometimes provision-less workhouses from
the starving who tried to gain entry.

After the Irish Poor Law had been in operation for eleven
years, the *Illustrated London News* described it as:

...the means of exterminating, through the slow process
of disease and houseless starvation, nearly half of the
Irish. [—*I.L.N.* December 1849]

2. 'And the Union workhouses?' demanded Scrooge. 'Are they
still in operation?' —'They are. Still,' returned the gentleman, 'I
wish I could say they were not.'
    'The Treadmill and the Poor Law are in full vigour, then?'
said Scrooge. —'Both very busy, sir.' —*A Christmas Carol*, 1843

POOR LAW UNIONS: The 'Unions' were new administrative districts formed for the purpose of financing and running Workhouses. The intention was that each Workhouse be built in a market town, and the Union would encompass an appropriate number of townlands around that town. [Colloquially, even to modern times, the Workhouse building itself – the Union Workhouse – was often called 'the Union'.]

POOR RATE, POOR TAX: A new Poor Rate or 'Poor Tax' (greatly resented) was payable by those who lived within the Union (not just landowners, but by everyone who possessed any minor property right or interest).

The English 'Old Poor Law', which the 1834 Act replaced, dated back to Elizabethan times, and had given the poor a straightforward entitlement to parish-based welfare. The 1834 New Poor Law was introduced in England to save money – by means of the notorious Workhouse 'TEST'.

'TEST': This word had a particular meaning in relation to Workhouses. Specifically, it arose from the principle that the quality of life inside a Workhouse had to be worse than the poorest person would achieve outside a Workhouse if he or she had a job; consequently, the Workhouses would serve as a 'test' of how desperate people really were – if the poor had any hope of getting a job, they would take one rather than submit to the horrors of a Workhouse.

CLIFDEN WORKHOUSE, CO. GALWAY, *c*.1840

In Ireland, there were two major problems with this principle:

(a) there were no jobs to be had; and

(b) it was generally considered impossible to create living conditions within a Workhouse that were worse than the poor were already experiencing (although, by breaking up families and denying them the right to their subsistence holdings, the Irish Workhouses did succeed in doing this).

THE FAMILY IN THE WORKHOUSE: In the Workhouse, families were strictly separated – husbands were separated from wives, parents from children, brothers from sisters. All too frequently, the separation became permanent. It was this separation of the family that caused many of the poor to choose to starve outside a Workhouse rather than to enter one in the hope of food.

Babies in the Workhouse had to leave their mothers when they turned two. When a Workhouse graveyard was accidentally uncovered not long ago in Kilkenny, and the nearly 1,000 skeletons were studied by archaeologists,

'THE CHOLERA HUT', GALWAY –PHIZ, 1845

the sad discovery was made that a disproportionate number of the dead were children aged two – the result, it is assumed, of the huge stress of being separated from their mothers at that age. Like virtually all Workhouse burial sites, the graveyard at Kilkenny was unmarked and unconsecrated.

LABOUR IN THE WORKHOUSE: Everyone allowed into the Workhouse had to be 'set to work' – including those forced into it 'by reason of old age, infirmity, or defect …and destitute children.' The jobs they might be 'set to work' at included stone-breaking, picking oakum, and most backbreaking of all, turning a large capstan wheel round and round to grind meal – a job often given to women and girls.

FOOD IN THE WORKHOUSE: In Ireland, two meals a day, (usually at 7 AM and 3 PM, and usually of an oatmeal-based gruel called stirabout. In Irish Workhouses, however, the money – and therefore the food – sometimes ran out. 'Money and credit are all gone, and starvation has literally set in among the paupers in the Workhouse' —*Illustrated London News*, 1849 [describing Kilrush, County Clare].

The situation at the time of Eötvös's visit,
after workhouses had been introduced in England,
and before the decision to introduce workhouses in
Ireland had been made law

THE THREE REPORTS (ISSUED 1835-36)

Although it is received thinking today for 19th-century *laissez-faire* principles to be blamed for the introduction of the Poor Law and its disastrous effects, the absolute rejection of the suitability of a Poor Law for Ireland by one of the most eminent proponents of *laissez-faire*, Dr Richard Whately (whom the Government had appointed to advise them), indicates that the real cause lay elsewhere. In fact, what drove the imposition of the Poor Law (as emerges from the writing of George Cornewall Lewis and others) was the same problem Ireland had faced since it was conquered – i.e. that its land and natural resources were considered valuable, while its people were considered an impediment to the realization of that value.

REPORT NO. 1 – of the 'Commissioners for Inquiring into the Condition of the Poorer Classes in Ireland,' appointed 1833, under the chairmanship of Dr Richard Whately.

This fascinating report – the result of a three-year study of the conditions of the Irish poor, and of direct interviews with them – extended to 5,154 pages, issued in three parts between 8th July 1835 and 22nd July 1836, and was the most thorough study done by any country in Europe on the conditions of its poor. Excerpts from it are quoted by Baron Eötvös.

As a result of this long study, Whately's report recommended – bravely – the precise opposite of what the government wanted to hear. It proposed job creation, land reclamation, model farms, housing improvement, assisted emigration and a host of other changes in the running of Ireland that would have transformed the lives of the country's poor (and probably would have saved between one and two million of them – no one is sure how many died – when the potato crop failed). With great economic ingenuity, Whateley

even suggested a means of turning the hated tithes into
something of use the poor, recommending that an elaborate
government re-financing of the tithes would create a surplus
fund which could be used for the relief of poverty.

The report was discarded
and discredited by the Home
Secretary, Sir John Russell, the
same day its recommendations
were received.

At the time the Government
appointed Dr Richard Whately
to head the Commission, it
had expected a straightforward
recommendation of Workhouses.
Then Anglican Archbishop of
Dublin, Whately previously had

DR RICHARD WHATELY 1787-1863

been a fellow of Oriel College, Oxford, and from 1829
Drummond Professor of Political Economy at Oxford. His
predecessor in that role, Nassau Senior, had been a driving force
behind the introduction of Workhouses in Britain, and the
Government was confident Whately's economic thinking would
cause him to recommend the Workhouse system in Ireland.
Certainly they were not shy about letting him know that this
was what was wanted. Whately would later report that he had
been given 'a pretty broad hint once or twice while the enquiry
was going on, what the Government expected us to report.'

The report delivered by the Whately Commission after its
three-year study was a bombshell for the Government, and
was remarkable in many respects. Apart from its thoroughness,
its methodology, and the ground-breaking quality of its
recommendations, Whately's report – uniquely – did not
blame the indigenous Irish for the bad situation they were
in, and instead blamed the London Government for having
reduced the Catholic Irish to penury through the Penal Laws.

> We see that the labouring classes are eager for work, that
> work is not there for them, and that they are therefore, and
> not through any fault of their own, in permanent want.

As if all that were not hard enough to swallow, Whately's conclusion could not have been more unwelcome to the Government:

> We cannot recommend the present Workhouse system of England as at all suited to Ireland.

The Home Secretary, Sir John Russell, who had wanted a simple recommendation of Workhouses, moved with lightning speed to discredit Whately's Report. On the same day it was delivered, 22nd July 1836, he commissioned a confidential report on it from a very safe pair of hands indeed – George Cornewall Lewis – the British expert on (and chief adversary of) Irish secret organisations such as the Whiteboys, and the son of Thomas Frankland Lewis, Chairman of the English Poor Law Commission in charge of all of England's Workhouses.

REPORT NO. 2 – George Cornewall Lewis's 'Confidential Remarks':

This is interesting because of the insight it gives into what insiders at the time admitted (which is rarely admitted now) about the British Government's real intentions in relation to Ireland – it wished to clear the land of tenants and neutralize the problem of the Whiteboys, and it believed a harsh Workhouse regime would achieve this. Lewis wrote:

> POOR LAWS, IRELAND.
>
> (*Confidential*)
>
> REMARKS
>
> ON THE
>
> THIRD REPORT OF THE IRISH POOR INQUIRY COMMISSIONERS ;
>
> Drawn up by the desire of the CHANCELLOR OF THE EXCHEQUER, for the purpose of being submitted to his Majesty's Government ; with an Appendix and Supplementary Remarks. By GEORGE CORNEWALL LEWIS, Esq.

> In the present condition of Ireland, I can conceive of no other means except a strongly guarded Poor Law [i.e. Workhouses] of restoring to the landowners the power of doing what they will with their own. ...When the public sympathy ceases to be on the side of the Whiteboy, the Irish landlords would find what the English landlords in the southern and eastern counties have found since the enforcement of the Poor Law Amendment Act, that they are in fact the masters of their own property.

Lewis was undoubtedly the British
expert on the Whiteboys, having
published a book on the subject [3]
(quoted from above) in which he
could only regret that seventy years
of near martial law in Ireland had
failed to 'pacify' these groups. It was
Lewis[4] who recommended to Sir John
Russell that he get a second report on
Irish poverty from George Nicholls –
a legend among those who resented

GEO. CORNEWALL LEWIS

paying a poor tax – because no other Poor Law official had
been able to reduce the amount spent on the paupers for
whom he was responsible as much as George Nicholls had.

REPORT NO. 3 – The Report of George Nicholls:

Nicholls had gone to sea when he was young, but after
retiring from that line of work (as captain, he had lost a ship and
suffered financially), he took up banking, and became active in
church work in the parish of Southwell, Nottinghamshire. He
held the office of overseer of the poor, and made his name by
cutting to less than half the amount of money his parish spent
on the poor. He and the Revd J.T. Becher (also of Southwell,
but whose family – of English origin – had been given a large
grant of land in the Elizabethan conquest of Cork), along
with Becher's cousin, Revd Robert Lowe, in the nearby parish
of Bingham, were credited with introducing terror to parish
charity – making it available only in Workhouses, and making
the Workhouses places so horrifying that no one wanted
to enter them. Nicholls was appointed as one of the three
English Poor Law Commissioners along with Cornewall
Lewis's father, who was chairman.

Without the knowledge of Whately, and while his
Commission was still working on its final report, Nicholls
was already making approaches to Russell about taking over

3.   Lewis, *On Local Disturbances in Ireland* (London, 1836)
4.   R.D. Collison Black, *Economic Thought and the Irish Question
1817-1870* (Cambridge, 1960) p.109

GEORGE NICHOLLS

Whately's job. In January 1836, six months before Whately would deliver his recommendations to Russell, Nicholls had already presented Russell with his 'Suggestions for an Irish Poor Law' – at the same time admitting that he 'did not pretend to any personal knowledge of the state of Ireland.' Russell appointed him on 22nd August 1836 to prepare a new report (on the recommendation of George Cornewall Lewis), and Nicholls made his first visit to Ireland. Less than three months later (15th November 1836) his 40-page Report was complete.

The Nicholls report was un-researched, bigoted, sycophantic, cruel – and a death warrant for the poorest in famine-prone Ireland – but it was the one that was put into effect.

His report – unlike Whately's – must have been music to the Government's ears. Nicholls did not find that the British Government and laws had anything to do with poverty and conditions in Ireland. In Nicholls's view, the inferior Irish had brought it entirely on themselves:

> They seem to feel no pride, no emulation; to be heedless of the present and reckless of the future. They do not (speaking of the peasantry as a whole) strive to improve their appearance or add to their comforts. Their cabins still continue slovenly, smoky, filthy, almost without furniture or article of convenience or decency... Now poverty is not the cause, or at least not the sole and immediate cause of this mode of living of the Irish peasantry. If they felt the wish to better their condition, or to appear better, they might do so; but they seem to have no such ambition ...

The Irish beggar was the target of his particular ire – not only were they unjustly enriching themselves when tenants shared with them potatoes that were rightfully the property of the landlords, but they even failed to wear proper clothing:

'it is not disreputable …to appear wretchedly clothed,'
Nicholls complained.

7-YEAR OLD
DAUGHTER
OF CAPTAIN
KENNEDY (A
FAMOUSLY
CHARITABLE
POOR LAW
INSPECTOR)
DISTRIBUTES
CLOTHING
IN KILRUSH
CO. CLARE,
NOVEMBER
1849 [*I.L.N.*]

The mendicant, whether his distress be real or fictitious,
claims and receives his share of the produce of the soil,
in the shape of charity, before the landlord can receive
his portion in the shape of rent, and before the tenant
has ascertained whether he is a gainer or loser by his
labours and his risks. The mendicant's claim now has
precedence of every other.

They enter the cottages of the peasantry as supplicants
…the appeal of the mendicant is never resisted – if there
is only a handful of potatoes, they are divided with the
beggar; and there is thus levied from the produce of the
soil in Ireland for the support of mendicancy, I believe,
to the full as large a contribution as it is now proposed
to raise by an equitable assessment of property for the
relief of destitution.

Nicholls's Report was received with outrage in Ireland. '*An
Act for the More Effectual Deterioration of the Condition of the
Poor in Ireland,*' one commentator suggested the law arising
from his proposal should be called.[5] Nicholls noted that
famines were a frequent occurrence in Ireland, but said the
poor themselves needed to deal with these by consuming
less. To burden rate-payers with the problem of feeding the
poor during famines would only 'shift the suffering':

5.   Macnaghten *Observations upon the Report of George Nicholls,* 1838

In a period of famine, the whole population becomes in a degree destitute; but it surely would not be expedient to hold out an expectation that if such an event should unhappily occur, support for all would be unconditionally provided at the public charge. This would lessen the inducements to a provident economising of their means of support on the part of the people, by a timely resort to which the occurrence of actual famine may often be averted. ...as there is less to consume, less must be consumed. To assess the rate-payers, in order to enable the rate-receivers to continue their ordinary consumption, would only shift the suffering.

In the end, Nicholls's recommendations were for no relief at all except in Workhouses, and for Workhouse relief to be minimal – enough for just a fraction of the number of paupers that had been counted. (In England, there were proportionally twelve times the number of places for known paupers.) Also in Ireland there was no right to a place in a Workhouse as there was in England. (In the worst years of the 1840s famine, vast numbers would die outside the gates of the Workhouses.)

He recommended that begging be made a crime [this was put into effect in the *Vagrancy (Ireland) Act, 1847*]. George Nicholls was appointed the first resident Poor Law Commissioner in Ireland, and moved to a house in County Dublin.

IN THE OPEN AND NEAR NAKED –
IT TOOK ABOUT A MONTH FOR THE
EVICTED TO DIE

The death toll in the Famine that struck Ireland in the late 1840s was at least a million, and might have been up to two million. Even as the poor were dying (and they died grotesquely – slowly, out in the open, and near-naked), there was an acknowledgment

BRIDGET O'DONNEL AND CHILDREN, DECEMBER 1849, CO. CLARE, AFTER EVICTION (FATE UNKNOWN) [*I.L.N.*]

by many – both English and Irish – that the deaths were being allowed to happen as part of a Government land-clearance policy. On Christmas Eve 1846, Captain Wynne, District Inspector, reported the following:

> I witnessed the women and little children, crowds of whom were to be seen scattered over the turnip fields, like a flock of famished crows, devouring raw turnips, mothers half naked, shivering in the snow and sleet, uttering exclamations of despair whilst their children were screaming with hunger. ...The workhouse is full, and police are stationed at the doors to keep numerous applicants out.

It was Captain Arthur Kennedy, the Poor Law Inspector (and later Governor of Hong Kong) whose daughter is illustrated on page 176, who observed that the evicted rarely survived more than a month.

As for where and how they might have lived before they died, the *Illustrated London News* gave the following account:

> There is something called a Scalp, or hole dug in the earth, some two or three feet deep. In such a place was the abode of Brian Connor. He has three in family, and had lived in this hole several months before it was discovered. It was roofed over with sticks and pieces of turf, laid in the shape of an

'A PREPARATORY GRAVE'
BRIAN CONNOR'S SCALP, KILRUSH,
CO. CLARE, [*I.L.N.*, DECEMBER 1849]

inverted saucer. It resembles, though not quite so large, one of the ant-hills of the African forests. Many of the people whose houses have been levelled take up their abodes in such places. ...In such or still more wretched abodes, burrowing as they can, the remnant of the population is hastening to an end, and after a few years, will be as scarce nearly as the exterminated Indians ...

Even from the Scalps, the poor are hunted... A month's agonies – the result of hunger, dirt, and fever – after being expelled from a home, suffices to destroy life. It is a sort of *Majendie* experiment made on human beings – not on cats in an air-pump, or on rabbits with prussic acid. Yet the instinctive love of life is so great, so strong is the sentiment by which Nature ensures the continuance of the race, that Brian Connor dreads nothing so much as that he shall not be allowed, now that his hut has been discovered, to burrow longer in security; and like a fox, or some other vermin, he expects to be unearthed, and left even without the shelter of what may be called a preparatory grave.

The land is still there, in all its natural beauty and fertility. ...It is estimated that ...160,000 [acres of unoccupied land] are capable of cultivation and improvement. Why are they not cultivated and improved, as the wilds of America are cultivated and improved by the brethren of the Irish? Why are these starving people not allowed and encouraged to plant their potato-gardens on the wastes? ...The whole of this land, ...is owned by a few proprietors ...many of them are absentees ...they prefer seeing the land covered with such misery as we have described, to either bringing the land under cultivation themselves, or allowing the people to cultivate it.

Their greatest ambition, apparently, is to get rid of the people.

—*Illustrated London News*, 22 December 1849

BIBLIOGRAPHY
[See INDEX (under author) for page references]

SOURCES CITED BY BARON JÓZSEF EÖTVÖS

Beaumont, Gustave de. *L'Irlande sociale, politique et réligieuse.* Paris: 1839.

Beaumont. *Marie où esclavage aux États Unis.* Paris: 1835.

Bentham, Jeremy. *An Introduction to the Principles of Morals and Legislation.* Oxford: 1789.

Burke, Edmund. *Letter to Sir Hercules Langrishe.* London: 1792.

de Tocqueville, Alexis & Gustave de Beaumont. *Système pénitentiaire aux États Unis.* Paris: 1833.

Gordon, Rev James Bentley. *A History of Ireland.* Dublin: 1805.

Hallam, Henry. *Constitutional History of England.* London: 1827.

House of Commons reports:
Reports of the Royal Commission of Inquiry into the State of the Poor of Ireland. London: 1835–1836.
Report of the Select Committee on Emigration in 1826. London: 1827.
Second Report from the Select Committee on Tithes in Ireland. 1832.

Inglis, H. D. *A Journey Throughout Ireland, During the Spring, Summer and Autumn of 1834.* London: 1834.

Leland, Thomas. *The History of Ireland from the Invasion of Henry II.* Dublin: 1774.

Lingard, Rev John. *The History of England.* London: 1819–1830.

Ludlow, Edmund. *Memoirs of Edmund Ludlow, Esq; Lieutenant-General of the Horse, Commander in Chief of the Forces in Ireland... Member of the Parliament which began...1640.* Canton of Bern: 1698.

McCulloch, John Ramsay. *A Dictionary, Practical, Theoretical, and Historical, of Commerce & Commercial Navigation.* London: 1832.

Petty, William. *The Political Anatomy of Ireland, 1672.* London: 1691.

Plowden, Francis. *An Historical Review of the State of Ireland.* London: 1803.

Plowden. *The History of Ireland, from its Invasion under Henry II, to its Union with Great Britain.* London: 1805.

Revans, John. *Evils of the State of Ireland.* London: 1837.

Sismondi, J.C.L. Simonde de. *Études sur l'économie politique.* Paris: 1837.

Warner, Ferdinando. *History of the Rebellion and Civil War in Ireland 1641-60.* London: 1767.

Young, Arthur. *A Tour in Ireland: with General Observations on the Present State of that Kingdom.* London: 1780.

Sources cited in Preliminary pages & Background notes

Bődy, Paul. *Joseph Eötvös and the Modernization of Hungary.* Philadelphia: The American Philosophical Society, 1972.

Bóka, Éva. *Hungarian Thinkers in Search of Democratic European Identity.* Budapest: Grotius, 2006.

Collison Black, R.D. *Economic Thought and the Irish Question 1817-1870.* Cambridge: University Press, 1960.

Cornewall Lewis, George. *Confidential Remarks on the Third Report of the Irish Poor Inquiry Commissioners.* London: 1836.

Cornewall Lewis. *On Local Disturbances in Ireland, and on the Irish Church Question.* London: 1836.

Czigány, Lóránt. *The Oxford History of Hungarian Literature.* Oxford: Clarendon Press, 1984.

Falk, Miksa. *Kor- és jellemrajzok.* Budapest: 1903.

Ferenczi, Zoltán. *Báro Eötvös Jószef.* Budapest: 1903.

Griffith, Arthur. *The Resurrection of Hungary: a Parallel for Ireland.* Dublin: 1904.

Macnaghten, Sir Francis Workman. *Poor Laws – Ireland: Observations upon the Report of George Nicholls.* London: 1838.

Molnár, Aladár. 'Eötvös "Karthauzi"-jának eredete' Budapest: *Pesti Napló,* 1871.

Moore, Thomas. *Memoirs of Captain Rock.* London: 1824.

Nicholls, George. *Report of Geo. Nicholls Esq. on Poor Laws, Ireland.* House of Commons Report, November 1836.

Nicholls. *Suggestions for an Irish Poor Law.* Report to Home Secretary, January 1836.

Pulszky, Ferenc. Preface to English edition of Eötvös's *The Village Notary.* London: 1850.

Quin, Thomas S.J. *Archivium Hibernicum.* Report to Vatican, 1656.

Voinovich, Géza. *B. Eötvös József.* Budapest: 1904.

Writings of Eötvös referred to in this edition

A falu jegyzője / The Village Notary (novel) 1845. English edition 1850. Film (dir. Éva Zsurzs) 1986.

A karthausi / The Carthusian / Der Karthäuser (novel) 1839. Film (dir. Michael Curtiz) 1916.

A megfagyott gyermek / The Frozen Child (poem) 1833. Film (dir. Béla Balogh) 1936.

A xix. század uralkodó eszméinek befolyása az államra /*Dominant Ideas of the Nineteenth Century and Their Impact on the State*, 1854. (Translated by D. Mervyn Jones. Oxford: Clarendon, 1966).
A zsidók emancipációja /*Emancipation of the Jews* (essay) 1840.
Magyarország 1514-ben /*Hungary in 1514* (novel) 1847.
Reform és hazafiság /*Reform and Patriotism* (collected works of Eötvös), edited by István Fenyő. Budapest: Magyar Helikon, 1978.

TRANSLATION AND EDITING NOTES:

József EÖTVÖS's text about Ireland, written in the Hungarian of the early 19th century, was originally published in 1840 in the first edition of *Budapesti Szemle* (*Budapest Journal*). The Hungarian text presented in this book (containing some spelling and grammatical adjustments) is based on the text version published by the Magyar Helikon Publishing House in 1978 in *Reform és hazafiság* (*Reform and Patriotism*), the collected publications of Baron József Eötvös.

This volume contains the first complete translation into English of this Eötvös work, and the publishers are indebted to Paul SOHAR of New Jersey and László BAKOS of Budapest for their translations, which convey in a contemporary English all the ideas and facts expressed by Eötvös.

Where names (of people and places) were translated by Eötvös, these are given in their original forms within the English text, with a small number of corrections to names (and dates) in the Hungarian text. A few phrases omitted from his translated quoted passages are included [within square brackets] in the reproduced original English (and French) texts.

Eötvös's 65 footnotes (asterisked in 1840, and numbered in this edition) are translated and extended in English to provide fuller source references etc., with some added editor's footnotes identified by the symbol '†'.

The illustrations included in this edition largely date from the period 1780 to 1850.

[*Note:* Index entries at pp 3–159
appear in Hungarian on the
preceding facing page (pp 2–158)]

FRENCH CINEMA IN CLOSE-UP
—La Vie d'un acteur pour moi
edited by Michaël ABECASSIS with Marcelline BLOCK

452 pages (royal octavo size), 180 illustrations
ISBN (PAPERBACK): 978-1-908420-114
Mini-dictionary of French Cinema Actors

Chosen 'ONE OF THE 5 BEST PRINT REFERENCE
BOOKS OF 2015 IN THE ARTS' by *LIBRARY JOURNAL*:
'There may be other biographical dictionaries
of the French Cinema, but none with such en-
gagingly written biographies as this one. ...The
highlights of the dictionary are the hand-drawn
caricatures by artists Jenny Batlay, New York, and
Igor Bratusek, Sorbonne, that accompany each
sketch. Read collectively, the pieces document trends in French cinema and
its close connections with the theater.' — *LIBRARY JOURNAL*, NEW YORK

'...so rich in personal detail that it feels as if the reader is hearing the story from
an old friend...its innovative format allows for a vast range of contributors... In
linking French cinema to the other arts and to the history of France, the book
succeeds in offering everyone who picks it up, from the veteran cinema buff
to the merely curious, a chance to learn something new. ...succeeds in placing
French cinema in general under the magnifying glass, not just its actors...'
—*BOOKS IRELAND* MAGAZINE

'...combines some of the best aspects...of academic study and coffee-table
book...'—*STUDIES IN EUROPEAN CINEMA* JOURNAL

PHAETON PUBLISHING LTD. DUBLIN WWW·PHAETON·IE

BRIGHTER FRENCH
—Colloquial & Idiomatic, for Bright Young People
(who already know some) by Harry Thompson RUSSELL
illustrated by Eric FRASER

340 pages (with biographies), 20 drawings
& 28 photos, ISBN (PBK): 978-0-9553756-75

Volume I in a Three-Volume *Brighter French* Series

'When did readers last read a really good dialogue in
a language textbook with a real sense of conversation
and a good punchline? ...these books provide a breath
of fresh air, quite a few laughs and some really useful
idiomatic French...'—ELSEVIER *SYSTEM* JOURNAL,
R. VANDERPLANK, DIRECTOR, LANGUAGE CENTRE, UNIVERSITY OF OXFORD

1. « *De quoi* est-il mort ?   1. 'What did he die of?'
   —On ne sait pas.   —'Nobody knows.
   D'ailleurs on ne savait   But then nobody knew
   non plus de quoi il vivait. »   what he lived on, either.'

'...French on the left side, English on the right side, and it's extremely
funny.' — *Le Cocktail français* at THE NATIONAL ARTS CLUB, MANHATTAN

'...when you start to read you giggle. This naughty guide to flappers'
French is full of useful phrases...' —*EVENING HERALD*, DUBLIN

'Great Fun.' — *BOOKS IRELAND* MAGAZINE

BEHIND A GEORGIAN DOOR
—Perfect Rooms, Imperfect Lives
by Artemesia D'ECCA 132 pages, 3 novellas, 6 illustrations

ISBNS (HBK): 9781908420152 (PBK): 9781908420145

Chosen as 'BOOK OF THE WEEK' by *THE LADY*:

'Dublin's Georgian townhouses act as settings, characters and multilayered symbols in three compelling novellas, set after the financial crash of 2008. ...Symbols of a violent colonial past, and of modern-day bankers' greed, the houses are beautiful objects that elicit conflicted responses. These deeply affecting stories depict a precarious world of evictions and repossessions, where acts of kindness sound a bright redemptive note. A powerful study of the human cost of financial collapse.'—*THE LADY*, LONDON

'A Stylish Production, and Undoubtedly Stylish Tales.'—*BOOKS IRELAND*

'...firmly rooted in modern day Dublin, reflecting Irish society after the economic collapse of 2008... Haunting all the stories is the history of the houses in which the action takes place. ...D'Ecca has performed the challenging task of dealing with difficult subjects with a light touch and even humour. ...There is wit and charm here but also portrayals of the hardships and cruelties that lie beneath the surface.'—*MIDWEST BOOK REVIEW*, U.S.A.

EXTREMELY ENTERTAINING SHORT STORIES
—Classic Works of a Master
by Stacy AUMONIER

576 pages: biography, 29 stories & 1 essay
ISBNS (HBK): 9780955375651 (PBK): 9780955375637

STORIES OF WORLD WAR I & THE 1920S

'Stacy Aumonier is one of the best short story writers of all time.'—JOHN GALSWORTHY (winner of the Nobel Prize for Literature).

BROADCAST ON BBC RADIO 4 *Afternoon Readings*:
'...not only hilarious, full of wit and genuine warmth for his subjects, but also beautifully constructed insights into the various absurdities of human behaviour...'—BBC *RADIO 4 PROGRAMMES*, 2011

'... a very elegant volume...short stories that invite comparison with those of Saki, O. Henry and even Guy de Maupassant.'—*BOOKS IRELAND*

'...in England...I bought the new Phaeton collection of *Extremely Entertaining Short Stories* by Stacy Aumonier ... Back now in New York, it's a heavy volume to cart back and forth as subway reading, but it's well worth the weight'—*LIBRARY JOURNAL*, NEW YORK

'Aumonier could condense a life into a few pages. ...unrivalled as a short story writer. ...Perfect with a hot toddy on a cold night.'—*INDEPENDENT*, LONDON

www.ingramcontent.com/pod-product-compliance
Lightning Source LLC
Chambersburg PA
CBHW031430270326
41930CB00007B/641